TROIS MINUTES
d'éveil

TOME 1

Catalogage avant publication de Bibliothèque et Archives nationales du Québec et
Bibliothèque et Archives Canada

Sève, André, 1913-2001
    Trois minutes d'éveil [texte (gros caractères)]
    (Gros caractères)
    L'ouvrage complet comprendra 3 v.
    ISBN 978-2-89646-351-0 (v. 1)

    1. Méditations. 2. Vie chrétienne - Auteurs catholiques. I. Bouchard,
Jean-François, 1960-   . II. Titre.

BX2183.S482 2011   242'.2   C2011-941698-0

Dépôt légal – Bibliothèque et Archives nationales du Québec, 2011
Bibliothèque et Archives Canada, 2011

ISBN 978-2-89646-351-0 (Novalis)

Mise en pages et couverture : Mardigrafe inc.
Photo de la couverture : © Photos.com

Extraits de : © *365 matins, 3 minutes d'éveil,* Centurion/Bayard, 1992.

Nous reconnaissons l'aide financière du gouvernement du Canada par l'entremise
du Fonds du livre du Canada (FLC) pour des activités de développement de notre
entreprise.

Cet ouvrage a été publié avec le soutien de la SODEC. Gouvernement du Québec –
Programme de crédit d'impôt pour l'édition de livres – Gestion SODEC.

4475, rue Frontenac, Montréal (Québec) H2H 2S2
C.P. 990, succursale Delorimier, Montréal (Québec) H2H 2T1
Téléphone : 514 278-3025 – 1 800 668-2547
sac@novalis.ca • novalis.ca

NOVALIS

Imprimé au Canada

ANDRÉ **SÈVE**

TROIS MINUTES
d'éveil

TOME 1

GROS
CARACTÈRES

NOVALIS

Il y a des matins roses

Il y a des matins noirs

Mais on peut toujours

Faire lever un soleil

Trois minutes d'éveil

J'ai écrit ce livre à petits pas. Puis-je vous demander de le lire à petites doses ?

C'est une suite de réactions à la vie. Une idée me frappe, une sagesse me séduit, une page d'Évangile me jette vers le Christ, une question soudaine me force à réfléchir, un fait émouvant réveille mon envie d'être plus fraternel.

Tout cela s'est transformé peu à peu en ces textes brefs que je vous offre pour chaque jour. Pas plus d'un par jour, sinon le second chasserait trop vite le premier. Rédigés très lentement, ils ne se livreront que lentement. J'insiste, parce que les premiers lecteurs du manuscrit qui ont voulu lire trente-six textes à la suite en ont attrapé une indigestion.

Mais on peut revenir ensuite à tel ou tel texte. Ce livre est fait pour s'ouvrir à n'importe quelle page. Compagnon d'éveil, et parfois d'apaisement.

Et peut-être, si Dieu le veut, piste d'envol pour la prière.

OUVRE-MOI À TON AMOUR

Au réveil, dépêchons-nous de nous baigner dans : « Dieu nous aime, Dieu m'aime. » Ce cri de confiance fait lever le soleil, quel que soit le temps, quel que soit l'état de notre corps et de notre cœur. Rien ne peut être plus vivifiant. Il faut donc muscler cette conviction dès qu'on s'aperçoit qu'elle s'affaiblit.

Il y a des matins de soleil facile : « Dieu nous aime », c'est vrai, c'est donné, je vais vivre toute la journée dans cette lumière. D'autres matins sont plus lourds et plus noirs. À nous de faire quand même lever le soleil. « La ténèbre n'est pas ténèbre devant Toi ! La nuit comme le jour est lumière. »

Cette reprise de confiance, chaque matin, sera soutenue par le recours obstiné à la parole de saint Jean : « Dieu est Amour. » Ce n'est pas suffisant de penser que Dieu nous aime, il faut bien voir qu'il ne peut que nous aimer, parce qu'il est Amour par nature, et cela veut dire amour toujours là, toujours sûr, toujours plus grand que ce que nous pouvons imaginer.

Nous sommes plongés dans cet océan d'amour, nous recevons des continuelles offres d'amour fortes et fines, exactement adaptées à notre vie. Le seul problème c'est que nous ne cessons de nous fermer. Première prière du matin : « Ouvre-moi à ton amour ! »

LES CERISIERS EN FLEUR

Ce matin, les célèbres cerisiers du parc de Sceaux m'ont dit qu'au bout de tous les hivers il y a un printemps, mais les gens que je rencontrais avaient un air si peu joyeux que je n'ai pas osé le répéter.

Il me semble que les conversations deviennent cafardeuses. Même chez les chrétiens, champions de l'espérance. J'imagine un non-croyant qui découvre l'Évangile de saint Jean et tombe sur le verset 33 du chapitre 16 : « Ayez confiance, j'ai vaincu le monde. » Alléché, il cherche les disciples de ce vainqueur : « Quelle tête ont-ils ? Quels beaux rires de joie et de confiance ? »

Nous ne rions pas assez. Nous chantons la victoire du Christ, mais une fois par an, dans une église. Nos alléluias n'ensoleillent pas les rues, ni même nos maisons, nous peinons à mener une vie pascale, celle où la joie défie la mort.

Pâques n'est vraiment Pâques que lorsque nous pouvons faire fleurir des printemps. Et nous pouvons. Quel pouvoir ! C'est même ainsi que nous découvrons l'espérance, dès que nous voyons à quel point elle élargit le possible. Elle franchit les hauts murs, c'est son psaume qui l'affirme, le beau 17 avec son prodigieux verset 30 :

« Avec toi, Seigneur, je saute le ravin, je franchis la muraille. »

— La vie est trop difficile.

— On l'a dit à Jésus. Il a répondu en définissant à jamais l'espérance : « Rien n'est impossible à Dieu. »

LES TROIS RONGEURS DE VIE

J e ressens toujours les rangements comme du temps perdu. Mais hier j'ai passé deux heures à rechercher un document et cela me donne envie de considérer désormais les rangements et les nettoyages comme du temps bien employé.

Quand je m'investis à fond dans une tâche apparemment secondaire mais nécessaire, je sens que je passe des travaux forcés à une activité libre. Je choisis nettement de faire ce que je vais faire, cette entrée en liberté est une entrée en plénitude.

Après les menus travaux, quand ils sont mal acceptés et bâclés, les deux autres rongeurs de vie ce sont les attentes et les rêves.

Les attentes ! Pourquoi les gâche-t-on ? J'attends le RER, je fais la queue au cinéma, j'attends un invité qui tarde beaucoup. Moments à prendre ! Du rab de paix, de repos, de réflexion, de prière. C'est idiot de ne les remplir que par l'énervement et les regards convulsifs sur le bracelet-montre.

Et le rêve ? Quand je fais quelque chose en rêvant à autre chose, je pervertis aussi une possible plénitude en minutes sans réalité. Vivre des semaines, des mois, occupé par un événement futur (une promotion, un déménagement, une opération…) équivaut à jeter de la vie par la fenêtre.

Travaux mal aimés, attentes perdues, temps gommés par une échéance, on doublerait la vie si on surveillait mieux les trois rongeurs.

SAINT ZACHÉE !

J'ai une dévotion pour Zachée, parce que j'aime bien son rendez-vous avec Jésus (Lc 19, 1-10).

1. Un gros effort pour rencontrer Jésus

Zachée est curieux : il veut voir qui est Jésus. Bienheureuse curiosité qui va bouleverser sa vie.

Mais il est si petit que dans la foule il ne verra rien. Bon ! Il se débrouille pour grimper sur un sycomore. Lui, le chef des collecteurs d'impôt ? Il va perdre la face. Et alors ? Il veut voir Jésus.

Saint Zachée, donne-moi ta curiosité. Pour profiter d'une lecture d'Évangile il faut que je réveille mon désir de mieux connaître Jésus. Et tout faire pour réussir ma rencontre. Je suis trop petit, je dois grimper sur les épaules des bons commentateurs de l'Évangile, chercher les bons livres.

2. Jésus veut demeurer chez Zachée

C'est le but d'une lecture d'Évangile : faire entrer Jésus dans ma vie. Je ne rencontre pas la page d'un livre, je rencontre Jésus avec qui je vais regarder un aspect de ma vie à la lumière de ce qu'il fait et dit.

3. *Zachée est transformé : « Je donne la moitié de mes biens ! »*

Ça, c'est le fruit d'un bon rendez-vous évangélique : changer. Un peu ou beaucoup, mais changer quelque chose dans mes pensées, mes comportements. Si je sors intact de ma lecture d'Évangile, je n'aurai pas fait une rencontre à la Zachée.

PRIÈRE DU MATIN
POUR TOUS NOS FRÈRES

Deux fois par jour, le matin (laudes) et le soir (vêpres) dans *Prière du temps présent*, le livre de la prière de l'Église, on trouve des prières d'intercession très belles et variées. Voici celle du matin pour le jeudi de la deuxième semaine :

Pour tous nos frères, prions le Maître de la vie :
Ceux qui s'éveillent,
— qu'ils s'éveillent à toi.
Ceux qui vont au travail,
— qu'ils travaillent pour toi.
Ceux qui restent dans leur maison,
— qu'ils y restent avec toi.
Ceux qui rentrent du travail,
— qu'ils se reposent auprès de toi.
Ceux qui sont malades ou désespérés,
— qu'ils se tournent vers toi.
Ceux qui vont passer la mort,
— qu'ils meurent en toi.

« TU RÊVES OU QUOI ? »

J'allais encore me jeter tête baissée dans cette journée. Mille choses à faire, cent personnes à voir. Non. Une chose après l'autre et seulement ce que je pourrai. Une personne après l'autre à bien écouter.

Le temps plein, ça ne peut être que le temps où je fais ce que je fais. Alors, comme dit Raymond Fau, je rencontre le temps.

Prends le temps de rencontrer le temps.
Encore un peu de temps.
Et tu n'auras plus le temps.

Le temps vraiment vécu, c'est le temps rempli par mon attention. Si je suis vraiment là, le temps me sourit et me comble en me donnant cinq minutes efficaces, une heure douce, une journée qui me fera penser : « Seigneur, que c'est bon de vivre ! »

Hier j'écoutais mal Henri. Il m'a dit : « Tu rêves ou quoi ? » Le temps doit souvent penser cela de moi : « Tu rêves ou quoi ? »

Je viens de prier. « Non, me dit le Seigneur, tu viens de rêver, tu étais partout sauf avec moi. »

Je suis heureux d'aller à une réunion mais voilà que je reviens sans avoir pu réussir les dialogues que je souhaitais. Quand j'étais avec X… je pensais à ce que j'allais demander à Y…

En rêvant toujours à autre chose, j'ai perdu une très rare plénitude : admirer ce que sont réellement les gens et ce qu'ils font.

NOTRE SAGESSE ET LEUR VITALITÉ

— Je veux être libre, dit Gaëlle.

— Libre de faire des bêtises, soupire sa mère.

— Vous les parents, vous ne pouvez pas comprendre.

Pour être heureux, vous vous faites les esclaves d'un tas de choses et d'un tas de gens. Moi, je veux d'abord être libre. Je serai heureuse ou malheureuse mais libre.

Pour les jeunes que j'entends, la plus grande immoralité c'est de contraindre. Ils voient bien qu'il faut des feux rouges, mais ils ne veulent les accepter que du dedans de leur liberté, après les avoir bien compris et admis. Dans la religion et la morale ils demandent que tout soit adhésion personnelle.

Bien sûr, ils font des bêtises. Comme nous en avons fait. Pour vivre à fond, mais peut-être plus que nous.

— Vous, disent-ils, vous parlez de ce que vous ne vivez pas. Ne nous parlez pas tant de l'amour mais aimez, et que ça se voie ! Ne parlez pas de messe mais qu'on voie ce que ça vous apporte. Ne parlez pas du Christ. Qu'est-ce que vous vivez avec lui ?

C'est vrai qu'ils ont des « pourquoi » qui nous énervent, des « c'est nul » qui nous vident. Mais quelle chance d'être secoués par eux et de pouvoir discuter avec eux. Avec un peu d'humour tendre et de l'admiration réciproque, notre sagesse et leur vitalité, ça peut faire bon ménage.

VOUS ÊTES PETITES

Dans une soirée sur l'espérance, une jeune femme est venue remercier le Seigneur : « À la place de mes jambes et de mes bras, il m'a donné la grâce du sourire. » Sur sa chaise roulante, elle est aujourd'hui visiteuse de prison.

J'y repense parce que ce matin je grogne contre un tas de petites choses. N'avoir ni jambes ni bras ce n'est pas une petite chose. Marianne qui doit porter le poids d'un enfant autiste n'est pas contrariée par des petites choses. Et Jacques ? Avec son fils suicidaire et sa mère atteinte de la maladie d'Alzheimer.

Les peines des autres n'enlèvent pas mes ennuis, mais elles les rapetissent. Quand j'arrive à appeler petit ce qui est petit, je le porte mieux, je me moque de moi, je rouvre ma vie au soleil.

Elle est pleine de grands bonshommes, la vie. Je ne cesse d'admirer trois catégories de personnes : les handicapés, les mamans et les opiniâtres chercheurs dans les domaines de la santé. Ces exemples de courage et d'acharnement me montrent ce qu'un homme peut faire déjà par ses propres forces.

Les saints me prouvent ce qu'un homme fait avec Dieu. Je me récite parfois le dernier verset du psaume 107, un des grands psaumes de confiance : « Avec Dieu, nous ferons des prouesses. »

La première sera de dire à la petite peine morale et à la petite souffrance physique : « Vous êtes petites. »

QUESTIONNER

Aujourd'hui, comme tous les jours, je vais questionner et je serai questionné. Quelle clé d'amour ou de dureté, les questions !

Quand j'évoque des dialogues réussis ou ratés, j'entends les questionneurs : des voix fleur, des voix chaleur, des voix qui disent tout de suite que ça va être passionnant. Mais aussi des tons qui agressent, désarçonnent, humilient.

Me préparer à ce qu'il y a d'appel dans n'importe quelle voix. Celui qui me heurte n'est pas tout entier dans sa voix, et peut-être se trouve-t-il à un mauvais moment de vie. Je vais l'alourdir ou l'alléger selon mes réactions d'écoute.

Aujourd'hui, je veux essayer de mieux chercher le contact avec mes questions. Il faudrait que le ton de ma voix ouvre doucement les portes. Il y a de plus en plus de gens qui n'aiment pas être interpellés, mais si en moi l'amour s'obstine, mes questions corrigeront un mauvais départ.

Une manie discourtoise se généralise : interrompre constamment celui qui avait envie de
s'exprimer. S'il est du genre haut-parleur, il fon-
cera quand même mais les timides rentrent tout
de suite dans leur silence, une chance est perdue.

Questionner quelqu'un sans tuer sa parole est un
art d'accouchement qui me fait penser à un diplo-
mate turc : « Permettez-moi, disait-il à son interlocuteur un peu brouillon, permettez-moi de vous
interrompre pour mieux vous suivre. »

NOËL

Chaque année, notre Père des cieux nous envoie un carton d'invitation :

Ton Sauveur est né
pour toi
aujourd'hui
Si tu veux le trouver
voici le signe
tu verras un bébé
couché dans une mangeoire.

Je suis à la crèche et je regarde. L'Enfant qui est là dira un jour : « Qui me voit, voit Dieu. » Si je vois Dieu en regardant ce nouveau-né, je sais comment Dieu veut être vu quand il arrive chez nous.

Dans l'infinie pureté de la pauvreté. Dépouillé des richesses dont je l'encombre et dont je m'encombre. Rien ne gêne, alors, pour se comprendre, il peut me dire l'essentiel : « Je suis Amour, et tu es sauvé quand tu entres en amour. »

Ces choses-là sont mille fois dites ? Oui mais pas assez fort, les prétentions et les possessions crient plus fort. Dieu aime les pauvres parce qu'il peut parler dans leur silence.

Il a ses façons de parler. Par des gestes et des paroles, et même, comme à la crèche, sans paroles. Dans ce silence, il se révèle aux cœurs qui ont envie de dire non à toute suffisance et aux soucis païens. Cœurs de pauvres. Cœurs devenant pauvres en découvrant devant tant de pauvreté à quel point Dieu est étranger à ce que nous appelons richesse.

« JE L'AI PRISE EN GRIPPE »

« J'ai des ennuis, m'écrit Sylvie, au sujet de Bernadette, ma nouvelle collègue de bureau. Pour tout vous dire, je l'ai prise en grippe et je ne m'en sors pas. Ce que je supporte assez facilement des autres, chez elle ça m'exaspère. J'aggrave en l'épiant, en ruminant, en parlant d'elle uniquement pour la dévaloriser. Ça me gâche ma vie en ce moment. Et peut-être la sienne. Elle ne manifeste rien (c'est d'ailleurs une des choses que je lui reproche) mais au tout début, quand elle se confiait un peu, elle m'a dit : « J'ai été élevée chrétiennement puis j'ai tout lâché quand j'ai vu à quel point ces gens de la messe sont peu fraternels. » Mon attitude envers elle ne va rien arranger. Pourquoi l'ai-je prise en grippe ? Elle est célibataire, avec un joli stock de manies. Toujours en retard. Au self elle n'en finit pas de choisir ; à table, elle n'en finit pas de tout essuyer. Mais c'est surtout dans les discussions qu'elle me met en boule tellement elle est compliquée et entêtée. En vous écrivant ça, je me sens moche. Je sais que Bernadette a des qualités, je vois que les autres l'aiment bien. Et moi, la chrétienne, je suis en plein refus d'aimer. »

SI LE MONDE ÉTAIT UN VILLAGE DE 1 000 HABITANTS...

Hier soir, la télé présentait le monde comme un village. Cela m'a tellement frappé que j'ai pris quelques notes pour méditer de temps en temps sur « mon Village ».

210 seraient européens

85 seraient africains

140 seraient américains

565 seraient océaniens ou asiatiques.

Sur ces 1 000 habitants...

300 seraient de couleur blanche

300 seraient chrétiens

60 auraient la moitié des revenus du village

700 ne sauraient pas lire

500 crieraient « j'ai faim ».

QUELLE RÉSIGNATION ?

Hélène sort de chez moi. Elle était venue me dire que son mari l'abandonnait, elle et les trois enfants, pour une secrétaire beaucoup plus jeune.

— C'est très dur, mais il faut bien que je me résigne.

Justement, il y avait dans sa voix trop de résignation. Elle ne peut probablement pas retenir cet homme, mais elle a des choses à faire. Se reconstruire, se retrouver — et peut-être se trouver — créer une nouvelle vie avec les enfants.

La résignation a de bonnes apparences : courage, patience, humilité, bon sens. On en a même fait une vertu : sainte résignation.

J'ai d'autres lunettes qui me la montrent comme une démission, un alibi pour ne pas agir, pour fuir des responsabilités. Je veux bien la béatifier si elle est une acceptation dynamique. On accepte parce qu'on sait que la volonté de Dieu s'exprime par les événements de la vie, même par les accidents de parcours.

Mais il faudrait se redresser le plus vite possible. « C'est ! » Et « Qu'est-ce que je peux faire ? »

UNE COMMUNAUTÉ JOYEUSE

« Nul ne peut recevoir et donner la joie communautaire s'il ne s'engage pas à fond. » Je viens de lire cela dans la Règle de vie des Assomptionnistes, et il me semble que c'est vrai pour toute vie en commun : famille, équipe de travail, communauté religieuse, groupes d'entraide ou de prière.

On n'a jamais autant rêvé de réussite communautaire. Mais pourquoi tant d'échecs ?

Tout de suite on pense aux « individualistes ». Bon, ça veut souvent dire égoïste et donc pas très communautaire. Et s'il s'agissait plutôt de fortes personnalités ?

Il en faut. Toute communauté a besoin de fortes personnalités, sinon la vie commune n'est qu'une médiocre cohabitation. Seulement voilà ! Les riches natures sont cactus, impérieuses, marginales.

Et pourtant c'est bien avec elles qu'on peut réussir une vie fraternelle du tonnerre. Quand on arrive à convaincre ces puissants que ce serait encore mieux s'ils étaient aussi des généreux.

Combien de fois j'aurais voulu dire à quelqu'un qui m'émerveillait mais se désintéressait de la vie commune :

— Mets ta vitalité sur le plateau. Adopte notre communauté, soigne-la, sacrifie-toi un peu pour elle. Tu as voulu vivre avec d'autres, accepte ce que cela exige.

Et s'il m'avait rétorqué un de ses narquois : « Pourquoi ? », j'aurais dit :

— Pour la joie. Toi, plus que d'autres, tu peux mettre au monde une communauté joyeuse.

« TU ES MON BUISSON ARDENT »

Moïse atteignit la montagne de Dieu, l'Horeb.
Le Seigneur lui apparut dans une flamme
qui jaillissait du milieu d'un buisson.
(Exode 3, 2.)

En lisant ce texte, je pense à tout ce qu'un moine m'avait dit un jour dans le parloir du monastère. Je vois maintenant qu'il avait été à ce moment-là mon Buisson ardent.

Mes trois jours à lire Marcel Légaut, son *Introduction à l'intelligence du passé et de l'avenir du christianisme*, Buisson ardent. Mon interview d'une carmélite, mon entretien avec le prédicateur et ma confession à la fin d'une retraite. Ma paix quand j'écoute Daria. Et telle oraison.

Avec un peu plus d'attention et d'accueil, je pourrais souvent dire à un événement inattendu, à une personne, et même à une épreuve : « Tu es mon Buisson ardent. »

34

LE GROS LOT

Je passe par un assez mauvais moment, mais qu'est-ce que c'est en face de l'éternité bienheureuse ?

Avoir commencé de vivre et ne plus finir. Plonger un beau jour en pleine joie, sans jamais plus de peur et de peine. Et puiser partout de l'amitié en veux-tu en voilà. Et vivre ce que Dieu vit. « Entre dans ma joie ! » me dit-il dans l'Évangile. C'est fantastique. En naissant, nous avons gagné le gros lot.

Je me demande pourquoi c'est devenu un sujet si tabou. Au dernier Nouvel An, une amie a répondu à mes vœux en me disant : « Me souhaiter le paradis ! Tu es extraordinaire. »

Pas du tout, je suis le chrétien très ordinaire à qui toute l'année la messe et la Liturgie des Heures parlent de paradis. Vrai ou faux ?

Vrai ! Dur comme fer, pur comme or, beau comme diamant. Si nous n'allons pas vers le paradis, pourquoi sommes-nous venus au monde ?

J'ai assisté à des obsèques où autour du cercueil d'un bien-aimé il n'y avait que paix et joie à force de foi. Les sanglots ont éclaté au moment même où pourtant la foi pouvait le plus s'exprimer : « Sur le seuil de sa maison, notre Père t'attend. »

On ne peut pas vivre en ne pensant qu'à ça, mais que j'ai envie ce matin de te remercier, Seigneur, d'avoir bien voulu qu'il y ait un André éternel.

JE VAIS EN TERRE SAINTE

M a joie, ce pèlerinage ! Je voudrais me préparer un cœur qui écoute, je sais que nous allons beaucoup écouter.

La Bible, on me l'a dit, sera constamment lue et commentée. Il y aura aussi des temps de silence. S'il le faut, j'en trouverai, j'entends déjà l'appel : « Shema, Israël. Écoute, Israël. Ah ! Si tu pouvais enfin m'écouter. »

Je pense aussi à nos échanges entre pèlerins. En temps ordinaire, est-ce qu'on s'écoute bien ? Avant le départ, je vais enraciner en moi cette pensée : les gens du pèlerinage seront différents de moi et neufs pour moi, je recevrai beaucoup si je les écoute bien. J'essaierai de leur donner le meilleur de moi. Écouter quand le car roule, écouter quand on marche, accueillir parfois dans ma profondeur la profondeur de l'autre.

Écouter les guides et les animateurs, heureux de donner ce qu'ils ont soigneusement préparé pour nous. Écouter aussi les gens du pays, le personnel des hôtels, les vendeurs. Qu'ils ne nous perçoivent pas, nous les chercheurs de Dieu, comme des méprisants et des maniaques du confort.

Je fais un rêve : revenir en ayant retrouvé la prière. Je sais que sur les routes du pèlerinage nous chanterons des psaumes ou nous les dirons plus secrètement : « Mon âme soupire vers Toi. Mon âme a soif de Toi. Quand verrai-je ton Visage ? » Il y aura les liturgies eucharistiques et tous ces textes d'Évangile qui seront des rendez-vous d'amour avec le Christ.

Jésus de Nazareth, je veux revenir de ton pays, le cœur transformé.

« NINA, TU T'EXPLIQUES TROP ! »

Nina me raconte ses ennuis. Longuement. D'abord elle explique pour bien me faire comprendre, mais dès que je veux l'aider à voir plus clair, elle explique encore et encore.

Je sais qu'il m'arrive de tomber dans ce travers. À force de détailler les torts des autres, je vois bien que je fatigue ceux que je consulte ou que je veux convaincre de mon bon droit. Je deviens casse-pieds.

D'abord je casse les pieds par les précisions inutiles et les redites. Et surtout, en voyant que l'interlocuteur n'entre pas tellement dans mon jeu, j'accentue l'autojustification. J'utilise ce terme parce qu'il définit bien le défaut agaçant qui consiste à penser : moi, je suis tout blanc.

Je me souviens d'une affaire où je me voyais tellement victime que mes interlocuteurs les plus bienveillants finissaient par être excédés. Un sage (et un patient !) m'a tiré de là par une remarque qui m'a douché :

Mais vous ? Vous ne voyez jamais vos torts.

39

BEAUTÉS

Je vais partir en vacances et je rêve d'arbres, de fleurs, de beaux paysages, de visages qui font lever le soleil.

Je veux emporter en vacances des yeux admiratifs. Partout surgira la beauté si je sais regarder. Lentement. Comme on ne peut plus le faire en temps ordinaire.

Je serai l'artiste de ma propre vie et j'en ferai de la beauté : il n'y a rien de plus beau à meubler que notre esprit, rien de plus beau à affiner que nos sentiments, rien de plus beau que des yeux éblouis. Pourquoi ne pas rêver d'être beauté pour les autres ?

La mesure et la courtoisie sont des beautés. Mais surtout la paix et le sourire. Certains volent la joie de tout un groupe par un visage maussade, des discutailleries, des silences boudeurs. Pour que la vie soit belle dans une maisonnée de vacances ou un voyage organisé, il y a forcément des efforts à faire, mais si payants.

Je me jure, avant le départ, de ne rien enlaidir cette année.

« COUVEZ LA VIE »

On a parfois envie de trier la vie : « Ça c'est bon à vivre. Ça c'est sans intérêt, ça c'est mauvais. » Un poème de Patrice de la Tour du Pin nous rejette sur toute la vie : « Couvez la vie, c'est elle qui loue Dieu. »

En triant la vie, nous lâchons le réel pour nous laisser déporter vers de l'imaginaire où Dieu n'habite pas. Jésus nous dit que le Père sait nos besoins et nous voit dans le secret, mais il ne va pas aller nous chercher dans nos « si » et nos « ailleurs ».

Le réel veut être vécu ici et maintenant. Pas à regret et à reculons, mais en étreignant l'instant tel qu'il se présente. Lui dire oui c'est le seul moyen de délivrer la vie qu'il recèle.

N'importe quel instant ? N'importe lequel. Notre plus grande erreur c'est de vouloir nous évader. Fuir un effort, une montée de tristesse, une personne, la prière, une souffrance. Ce qui nous ferait fuir Dieu alors qu'il nous regarde là. L'aimer et l'adorer ce n'est pas seulement aller se mettre à genoux pour penser à lui. C'est vivre ce qui est à vivre.

Il a fait de nous des vivants parce que lui, le Vivant, il savait le prix de la vie. Quand il a vu qu'elle peut être pour nous très difficile, il a envoyé son Fils au plus doux et au plus dur de nos instants. En Jésus, Dieu nous montre que tout est exploitable. Chaque instant doit être un oui à la vie qui sera notre oui à Dieu.

Mais si je trie, si je n'essaye pas de tout couver, je gaspille ma seule vraie richesse.

« REDRESSEZ-VOUS ! »

J'essaye de me nourrir de tout dans l'Évangile. Y compris les textes apocalyptiques de la fin du monde, comme celui de la messe d'aujourd'hui :

— Il y aura des signes dans le soleil, la lune et les étoiles. Sur la terre les nations seront dans l'angoisse… Alors, ils verront le Fils de l'Homme dans la plénitude de sa gloire… Redressez-vous, relevez la tête.

Jésus a visiblement aimé ce titre de Fils de l'Homme qui évoque sa mission de porteur de toutes les destinées humaines. Il va mourir comme un homme mais il réapparaîtra comme l'Homme investi d'un pouvoir universel.

Soleil, étoiles, mer déchaînée, si les détails sont trop étranges pour nous, une chose est claire : Jésus est ce mystérieux Fils de l'Homme Seigneur de l'avenir. Les siècles vont s'achever sur sa venue triomphante.

Ce sera l'heure où nous comprendrons ce qu'il est, ce que nous sommes, pourquoi nous avons dû comme lui traverser la souffrance, quelle va être notre gloire dans sa gloire.

Ce n'est pas, loin de là, notre contemplation habituelle du Christ, mais ces pages déconcertantes enrichissent un regard intérieur sur lui : Jésus Seigneur, maître du monde et de l'histoire.

Le dernier verset du texte nous secoue :

— Redressez-vous ! Levez la tête !

Nous avons été créés pour assister un jour à des spectacles grandioses : la Parousie, le commencement d'un autre monde. Redressons-nous, nous allons vivre ces choses-là.

« QUE JE VOIE ! »

Interview d'une aveugle. Elle ne cesse d'employer le mot voir.

— C'est un vocabulaire de voyante ?

— On ne voit pas seulement avec les yeux. Les gens se heurtent aux apparences. C'est en regardant de l'intérieur, d'âme à âme, qu'on peut dépasser les apparences. En guérissant les aveugles, Jésus leur donnait aussi un regard intérieur. « Tu es sauvé. » On n'est pas sauvé simplement parce qu'on voit des arbres et des visages. Qu'y a-t-il derrière ce visage ?

Ce soir-là, j'ai mieux compris à quel point nous pouvons faire nôtre la prière des aveugles dans l'Évangile : « Seigneur, fais que je voie ! »

Voir Dieu. Ne pas me tromper sur Dieu. Mieux connaître le Père, le Fils et l'Esprit. Corriger sans cesse mes vues sur Dieu.

Voir mes frères. Je fréquentais depuis six mois un de mes jeunes frères novices. Dans une réunion communautaire, on lui a demandé de se présenter longuement. Je n'en revenais pas, je n'avais pas su le voir.

Se voir aussi soi-même. Tantôt je pense que je suis tout de même mieux que X... ou Y... Et tantôt je coule dans « Je ne sais rien, je ne vaux rien ». Que je me voie mieux, Seigneur, pour rester naturel. Qu'on puisse enfin me voir sans masque, ni de vanité, ni de modestie.

LA PRIÈRE DU NOM

L e livre d'un moine de l'Église d'Orient (*La prière de Jésus*, Livre de Vie) me redonne le goût de la prière du Nom. « Dis ce Nom lentement, doucement, tranquillement. » Rien que d'entendre cela, on entre dans la paix.

Quand on prononce la formule complète, « Seigneur Jésus, Fils de Dieu, aie pitié de moi, pécheur », c'est un élan vers la réconciliation. Mais j'en viens vite à ne dire que « Seigneur Jésus » ou même seulement « Jésus ».

Prière facile et difficile. On se met en état de paix, on implore l'Esprit sans lequel on ne peut pas vraiment contempler Jésus, et on plonge dans les eaux pures, douces, immenses du Nom. Jésus, Jésus, Jésus.

On prolonge parfois « Jésus » par un silence, comme l'oiseau qui alterne son battement d'ailes et le vol plané. L'essentiel est d'adhérer à la Présence. L'adoration et l'amour nous apaisent, nous rassemblent, nous purifient.

Alors, facile ? Oui, mais les distractions se jettent sur le Nom comme sur toute prière. Il faut le dégager doucement en comptant sur sa puissance d'invasion. Sans être directement attaquées, les distractions battent en retraite quand le Nom prend toute la place.

Surtout dans les premiers temps, l'imprégnation du cœur par le Nom, la simplification et l'unification de la vie spirituelle nous font penser que nous avons enfin trouvé la prière heureuse. Mais des moments viennent de grande sécheresse. Il se peut que ce ne soit pas une prière pour nous. On se saura vraiment appelé si on persévère dans la foi nue et froide.

Nous y gagnerons la pureté, le très fort désir d'être bon, et une assurance unique : nous marchons sans enfoncer sur toutes les mers agitées de notre esprit et du monde.

ÉTONNER !

Martine, à sa mère qui lui demande ce qu'elle a contre l'Église : « Mais rien, maman ! Ça ne m'intéresse pas, c'est tout. »

Hervé, jeune ingénieur : « Je vais assez souvent dans les églises parce que je suis fou d'orgue, je n'y vais pas pour Dieu, je ne me sens pas concerné. »

Nouvelle race. Pas des contre-Dieu, pas tout à fait des sans-Dieu, mais si ignorants de ces choses et si indifférents que cela nous rend muets.

Et pourtant il faut parler. Prêcher ? Non, bien sûr, mais il y a plusieurs manières de répondre au dernier commandement de Jésus : « Allez faire partout des disciples. » (Mt 28, 19.)

Le plus universel et le plus sûr moyen de faire penser à Dieu en plein monde de l'indifférence, c'est d'étonner. « Jésus, disaient les disciples d'Emmaüs, fut un prophète puissant en œuvres et en paroles. » (Lc 24, 19.) D'abord en œuvres, d'abord étonner par ce que l'on est et ce que l'on fait.

Quand des gens paraissent solidement paisibles, heureux, quand ils tiennent debout devant un coup dur, quand ils sont constamment bons et aimables, ils finissent par intriguer. Dès qu'on sait qu'il s'agit de chrétiens, on est porté à établir un lien entre certains comportements et la foi en Dieu.

Ce témoignage de vie est donc capital, il rend acceptable une parole explicite. Car il faudra bien oser parler. S'il y a rejet, tant pis, tout vaut mieux qu'une indifférence de mort.

LA CHARITÉ LARGE

Elle s'occupait d'un vieillard affreusement isolé dans un grand immeuble. Il lui disait : « Quelle chance j'ai de vous avoir, quelle chance ! » Mais elle a pensé : « Et les autres ? Il doit y en avoir des milliers. » Elle aurait pu rester devant cette idée déprimante, sans bouger. Elle a 44 ans, un mari qui a un bon salaire, deux enfants quasi élevés, elle glissait dans une vie tranquille. La voilà qui commence à hanter la Mairie et à arracher la création d'un Foyer pour le 3ᵉ âge.

Elle était timide et complètement allergique à la paperasserie. Elle s'est mise à apprendre un tas de choses sur les droits des personnes âgées, elle parle, elle agit à un niveau de plus en plus efficace, elle est même tout à fait décidée à faire bouger les choses au plan national. Le jour où elle est passée des visites au vieillard à la création d'un Foyer (sans abandonner son protégé !), elle a franchi un seuil.

Elle est entrée dans la charité large, collective, aux dimensions de ce que notre société fabrique de désespérances collectives. Mais généralement, les chrétiens se méfient des actions collectives, ils préfèrent la charité individuelle. Ils essuient inlassablement les souffrances l'une après l'autre, n'osant pas avancer vers ce nouvel amour qui cherche à fermer les robinets d'où coulent les souffrances.

LA TAPISSERIE DE NOS DIMANCHES

Un membre d'Agapé, communauté de laïcs, fait le point sur la caractéristique de ce groupe : le partage d'Évangile.

Chaque membre de notre communauté est un fil de la tapisserie que nous tissons chaque dimanche. Ce fil court, se retrouve et se perd au long des partages. Parfois un fil se fait plus voyant, jette un éclat, éclipse les autres fils, mais il ne peut briller que parce que les autres, momentanément, se font discrets et lui servent de trame.

Ainsi nos échanges tissent à partir des lectures dominicales la tapisserie d'Agapé. Le résultat est harmonieux quand l'Esprit-Saint tient les fils, mais parfois nos passions, nos idées l'emportent et c'est le cafouillage, le sac de nœuds, le trou dans la toile. Nous pensons que l'Esprit est là malgré tout parce que nous voulons partager en vérité, et réunis par le Christ nous voudrions que s'exprime à la messe notre amour fraternel.

Pour chacun de nous, cet amour fraternel est notre fil, notre trait de couleur. N'avoir que notre propre couleur doit nous réjouir si nous cherchons la joie et non la rivalité.

Bernard Loumagne

« MANGE-MOI »

Il y avait une fois trois animaux qui vivaient dans une forêt au bord d'un lac : Kiri l'écureuil, Zidu le renard, et Nono le lapin. Ils étaient très joyeux parce que tout était beau et ils s'entendaient bien.

Si bien que Dieu voulut voir ça de plus près. Il s'approcha d'eux sous la forme d'un mendiant et il leur demanda à manger. « Volontiers, disent-ils car ils étaient très gentils, dans une heure vous aurez de quoi manger. »

Au bout d'une heure, Kiri revient avec des noix et des noisettes, Zidu avec un beau poisson que lui a donné Tom le pêcheur.

— Et toi ? demande Dieu à Nono.

— Lui, disent les deux autres, il n'a rien trouvé, il n'est pas débrouillard, nous l'aidons toujours pour tout.

Nono a ramassé du bois pour faire un feu. Il a dit à Kiri et à Zidu :

— Jetez-moi dans le feu.

Et il a dit à Dieu :

— Mange-moi.

Nous donnons quelque chose de notre vie à Dieu. Un peu de prière ici, un peu de charité fraternelle là. En gardant finalement la haute main sur nos heures et nos soucis.

Dieu attend plus. Beaucoup plus. Le moment où notre vie sera tellement pleine de lui que nous pourrons nous offrir entièrement à lui.

Mange-moi.

« JE SUIS À VOUS »

Je viens de répondre à quelqu'un : « Je suis à vous dans deux minutes. » Mais lorsque j'ai pu me libérer je n'étais pas libre du tout, je gardais la tête bruissante d'un souci. Bref, j'ai mal écouté.

Quand nous disons : « Je suis à vous », est-ce vrai ? Ça peut l'être à condition de se vider pour n'être plus qu'accueil. Du sport ! Ou plutôt du véritable amour et pas des mondanités faciles.

Être accueil… Tourner immédiatement le dos à nos dépits, nos humeurs, nos craintes, et nous mobiliser rien que pour lui, rien que pour elle : « Je suis vraiment à vous. »

Être à ce point accueil est d'ailleurs un peu fou, comme tout réflexe d'Évangile. Et pourtant, aussi fou soit-il, l'Évangile appelle aussi la sagesse.

L'accueil sera bien le réflexe premier, mais avec le discernement et la fermeté comme réflexes seconds. Là encore, Jésus est notre modèle. D'abord accueil, et très attaqué pour cela.

— Regardez ça ! Le voilà qui fait bon accueil aux pécheurs ! (Lc 15, 2.)

Mais les pharisiens ne voulaient pas voir que son accueil restait ensuite merveilleusement pur de toute compromission. Nous serons critiqués nous aussi, peu importe si nous imitons Jésus jusqu'au bout.

Je t'accueille pleinement, mais je ne pactiserai en rien avec ce que tu fais de mal.

L'ENVOL THÉRÉSIEN

Une difficulté survient. Surtout, dit Thérèse de Lisieux, ne pas rester au niveau de cette difficulté, opérer un dégagement immédiat pour la regarder avec Dieu.

S'il s'agit d'un tracas inutile, on voit sa futilité dans la lumière de Dieu et on envoie ce tracas à la poubelle.

S'il s'agit d'une vraie difficulté, on essaye de la mesurer dans la lumière de Dieu, et de la vivre avec les forces demandées à Dieu.

Thérèse a toujours en vue de vivre ce qui est à vivre. Le dégagement, l'envol, n'est pas une manière de se réfugier en Dieu pour échapper à la dureté de la vie. Ce qu'elle propose c'est de répondre quasi automatiquement à la difficulté par un mouvement vers Dieu pour y voir plus clair.

Parfois, je constaterai que là il y a du trop difficile pour moi. Même très calmement examiné, c'est au-dessus de mes forces. Mais je ne veux rien fuir.

Alors je dois voir autre chose : dans mes mains vides (car je suis et serai toujours un petit), Dieu peut mettre les forces voulues. Mais il faut que j'arrive à le croire.

Je mobilise ma foi : Seigneur, je sais que tu m'aimes, j'ai confiance en toi, j'ai confiance.

Je mobilise aussi mon désir d'aimer : Seigneur, je t'aime et je veux aimer, je veux rester dans l'amour devant cette épreuve qui me pousse vers un manque de confiance en toi ou vers un refus d'aimer tel ou tel frère. Aide-moi, Seigneur, tu ne peux pas me refuser cette demande de pouvoir aimer coûte que coûte.

Sur son dernier petit cahier, les derniers mots écrits par Thérèse, trois mois avant sa mort : «… je m'élève à Lui par la confiance et l'amour ».

TU PASSES VITE, MA VIE

Tu passes vite, ma vie,
En petits morceaux.
Une minute, une heure, un jour,
Un matin tout neuf, un soir fatigué,
Un matin, un soir, un an, dix ans.
Ça paraissait inépuisable et j'ai 79 ans !
J'attends encore « la vie que je rêvais de vivre… ».
Finalement, vie, où es-tu ?
Toujours en avant, quelquefois en arrière,
Si rarement en face de moi.
Je dis trop : je vivrai à fond,
Mais après ceci et cela.
Et je n'aurai jamais vécu à fond.
Je vais te freiner, ma vie !
En fréquentant ce que tu as de mieux
Pas tes demain ni tes hier
Mais tes aujourd'hui.

TOUS EN RECHERCHE !

Il y a quatre ans, Sandrine me disait qu'elle se sentait appelée à la vie religieuse. Depuis, elle me répète : « Je suis en recherche. » J'ai connu un temps où on se lançait plus vite.

J'ai interviewé Odile et Jean-Jacques qui vont se marier après cinq ans de cohabitation. Ils m'ont dit : « Il y a tant de ratages actuellement, que nous voulions être sûrs. »

« Être sûr. » Dans un monde d'instabilité et d'échecs, rester en recherche jusqu'à ce qu'on soit bien sûr est un état d'esprit qui envahit tous les domaines de la vie.

Et donc la foi, puisqu'elle respire l'air du temps. Un ingénieur de 32 ans, très croyant, a été net : « Pour ma foi, je serai toujours en recherche. » Plus étonnant, une dame de 72 ans : « Dieu, je le cherche. »

Par moments, je me demande si nous ne sommes pas devenus des aventuriers sans bagages, sans mémoire. Pourtant, nous avons derrière nous un énorme acquis culturel et religieux. Nous célébrons une liturgie qui nous demande de « faire mémoire ». Nous appartenons à une Église de la mémoire. Elle en avait peut-être un peu trop mais elle se met, elle aussi, très vigoureusement en recherche.

Au risque de désorienter les gens de la mémoire ? Sûrement, des deux côtés il faut chercher l'équilibre. Que les traditions ne soient pas des chaînes (c'est loin d'être vivant une chaîne !) mais une terre féconde à ne pas abandonner parce que c'est là que naît une vie nouvelle et pourtant bien enracinée.

Notre chance ? Nous pouvons être à la fois des gens sûrs… et en recherche !

QUATRE AVEUGLES AUTOUR D'UN ÉLÉPHANT

Un jour, quatre aveugles rencontrent un éléphant, et pour savoir de quoi il s'agit ils se mettent à le palper.

— C'est un serpent ! dit le premier en touchant la trompe.

— Non, c'est une colonne ! dit le second en explorant une patte.

— Je pense plutôt à un mur, dit le troisième en laissant glisser sa main du haut en bas sur le côté.

— Je saisis une feuille d'arbre, dit le quatrième, intéressé par la grande oreille.

Ils essaient de mettre en commun ces étranges découvertes, mais comme chacun s'obstine et revient à son point de vue, ils n'arrivent à rien de cohérent.

Chaque fois que je suis mêlé à une discussion où on ne fait que se répéter (à commencer par moi !) et crier sans s'ouvrir à ce que les autres nous disent, je pense : « Ça y est, nous sommes des aveugles autour d'un éléphant. »

JE RESTERAI NAÏF

On gagne à être madré, on laisse venir, on se fait moins rouler. Mais comme je suis naïf et mourrai naïf, j'ai envie de vanter la naïveté.

Elle est une des facettes de l'enfance fraîche. L'enfant tout neuf ne se méfie pas, il garde les yeux grands ouverts et les oreilles vives, il reçoit.

C'est ça mon grand éloge de la naïveté : elle reçoit ! Elle ouvre les portes, elle n'a pas de barrières. Dangereux ? Bien sûr ! Mais qui gagne le plus, la méfiance ou la naïveté ?

Le méfiant reçoit parcimonieusement à travers ses barricades. D'instinct, il oppose et repousse. Son interlocuteur le sent, se fige et se ferme aussi. Les dialogues ne sont que des mondanités ou des passes d'armes, pas une plongée étonnée dans une âme soudain ouverte.

Quand les deux sont sans armes ni armure, enfin s'échangent des paroles libres et confiantes. Les amitiés naissent là, au moment même où on est sûr que tout sera bien reçu. Nulle étreinte ne vaut cette pénétration d'âmes, c'est bien dommage que les couples n'en rêvent pas davantage.

La naïveté est fragile, vite tuée par la plus petite méfiance, ou s'étiolant dans l'habitude. « Qu'est-ce qu'il pourrait m'apporter, on s'est tant vus et entendus. » Non ! Pour la naïveté, dès ici-bas tout est découverte, et au ciel nous serons éternellement des ravis.

UNE POMME À LA FOIS

Manou Collonge raconte dans *Panorama* une histoire de solitude. On a parlé à une jeune femme, Pierrette, de Mme Sargier, âgée et très seule. Pierrette va la voir avec dix belles pommes.

On se met à bavarder, c'était pour la vieille dame une joie sur laquelle elle ne comptait plus. Quand Pierrette fut prête à partir, Mme Sargier lui dit : « Si vous revenez, n'apportez qu'une pomme à la fois, vous reviendrez plus souvent. »

Il faut être bien seul pour dire une chose pareille, il y a malheureusement de plus en plus des solitudes de ce genre. Nous n'avons pas vu venir ce monde où les gens âgés seront si nombreux et si délaissés. Il est arrivé, le temps des longues vieillesses. C'est désormais un grand champ d'amour à moissonner.

MES PENSÉES NE TE PLAISENT PAS

— Dimanche soir, je me promenais dans une rue populeuse du XIe arrondissement à Paris. J'entendais des voix, des rires, des chants, mais rien ne résonnait français. Je me suis senti l'étranger, chez moi, dans mon pays ! J'ai eu peur. Des pensées me sont venues. On va être colonisé par ces gens. Je ne les comprends pas. Ils sont sans gêne, envahissants. Seigneur, tu le sais bien, je ne suis pas méchant mais…

— Mais…

— Bon, mes pensées ne te plaisent pas ?

— Tu sais ce qui me plaît.

— Je le sais. Pour toi, l'autre est toujours un ami ! Avec toi, il faut toujours accueillir. Il n'y a pas d'étrangers, il n'y a que des frères. La couleur de la peau, la forme du visage, la manière de manger, de s'habiller, ça ne te dérange pas.

— Pourquoi est-ce que ça te dérange, toi ? Cherche bien. Libère-toi de tes peurs, libère-toi de tes préjugés. Quand tu vois un étranger, quand tu entends un étranger, dis-toi seulement une chose, rien qu'une chose : il a dix fois plus besoin qu'un autre d'être aimé. En ce moment tu peux être sa chance, avec un sourire, un mot, un petit service rendu très aimablement, par exemple s'il te demande l'heure ou une rue. Et quand tu parles d'un étranger ne dis pas : « le Noir » ou « l'Algérien » ou « ce type-là ».

— Comment faire autrement ?

Demande-lui très vite son nom. Appelle chacun par son nom. Comme je t'appelle, toi.

« JE VEUX FAIRE UN GRAND PAS »

Il revient d'une retraite spirituelle complètement retourné.

— Il faut que je voie avec vous comment vivre autrement, je veux faire un grand pas.

Il est arrivé avec une liste de projets. Il vient de prendre sa retraite, il a du temps plein les bras.

— La messe tous les jours ? me demande-t-il.

— Pourquoi pas ? C'est à vous de voir. En commençant par réactiver à fond la messe du dimanche.

— Confession plus fréquente ?

— Oui, si vous développez en même temps un grand sens de ce sacrement.

— Dans les exposés de la retraite, on a beaucoup parlé du rosaire. J'ai envie d'essayer un rosaire par jour.

— Pratiqué comme école d'Évangile, ça ne peut pas être mauvais.

— Vous n'avez pas l'air très enthousiaste.

— Votre liste est plus une liste de piété que de dévouement.

— C'est mal la piété ?

— Oui, si elle n'ouvre pas notre cœur aux besoins de nos frères.

— Par exemple ?

— Visiteur d'hôpital, visiteur de prison, la réalisation de cassettes pour les aveugles, l'alphabétisation, la trésorerie de tel ou tel groupe.

— Vous balayez mes projets.

Je les oriente vers le service.

DONNER LE BONHEUR D'ÊTRE ÉCOUTÉ

Hier, j'ai eu un très bon entretien avec Patrice. En le quittant, je lui ai dit : « Tu ne m'avais jamais parlé de cette façon. » Il m'a répondu : « Tu ne m'avais jamais écouté de cette façon. »

Je rumine cette remarque : « Tu ne m'avais jamais écouté de cette façon. » Je la rumine pour moi et pour beaucoup d'autres, je vois autour de moi que nous donnons rarement le bonheur d'être vraiment écouté.

Ça veut dire d'abord tout bêtement qu'il faut donner du temps. Si notre interlocuteur perçoit en nous de la hâte, nous resterons au bord des cœurs, le sien et le nôtre. Seul le temps permet les plongées. Une certaine lenteur donne à l'autre la joie d'inventer lui-même son chemin de paroles. Un chemin plus ou moins difficile mais en tout cas unique.

C'est quelque chose l'ouverture d'une vie ! Quand je coupe trop vite l'autre, nous repartons dans des banalités qui nous ramènent à l'échange superficiel.

Adieu, pour mon interlocuteur, la joie de livrer un peu sa vie, et pour moi la joie de découvrir un cœur.

« VOUS TROUVEZ-VOUS JOLIE ? »

— Vous trouvez-vous jolie ?

— Cela dépend du regard de mon mari.

Je découvre cette repartie dans une interview de Françoise Fabius. Puissance du regard. Un regard admiratif rend plus belle une femme. Un regard confiant redonne vie à un adolescent. Le regard d'une mamie peut apaiser un cœur d'orage. La petite fille qui sourit révèle la beauté du monde.

Si nous y pensions plus, à eux seuls nos regards feraient de nous des magiciens du bonheur.

Pourquoi tant de regards durs, indifférents, jugeurs ? Nous avons pourtant un fabuleux exemple. Le regard de Jésus était un laser, il dépassait immédiatement les apparences, il détectait l'amour chez Jean, la générosité chez Zachée, l'âme d'apôtre de la Samaritaine, la profondeur d'écoute de Marie de Béthanie.

Il ne partait pas comme nous du mauvais des gens pour essayer d'aller péniblement vers ce qu'ils ont de bon. Il regardait tout de suite le bon et du coup tombait le mauvais.

C'est comme cela qu'il me regarde.

MATIN DE PRINTEMPS

Ils sont fous ces oiseaux !
Je suis fou aussi.
Mon sang s'éveille.
Ma vie, tu es belle.
Et pourtant
Tu n'es qu'un prologue
Un tout petit prologue.
Après toi il y aura la Vie
Celle qu'on appelle éternelle.
Je ferme les yeux
J'essaie de penser à ce qui nous arrivera
Quand nous passerons de l'autre côté.

JE VEUX ÊTRE UNE OUTRE NEUVE

Le devoir de changer affleure deux fois dans l'Évangile.

Quand Jésus dit à Nicodème : « Il faut naître d'en haut », celui-ci a le réflexe des allergiques au changement qui vont tout de suite à l'extrême : « Un vieux peut-il rentrer dans le ventre de sa mère pour naître de nouveau ? »

Jésus reprend le même thème en lançant aux nostalgiques des traditions : « Si vous ne devenez pas des outres neuves, vous ne pourrez pas recevoir le vin nouveau de ma venue. » (Mt 9, 17.)

L'allergie au changement fait insensiblement de nous un émigré, un rejeté du travail et des conversations.

Le moyen de réagir ? Se forcer, par exemple, à découvrir les nouvelles techniques. Quand on répète « on vivrait aussi bien sans ça », on est vite mis hors jeu.

On restera au contraire bien dans la vie si on s'intéresse aux changements de la géopolitique, aux personnalités qui émergent, aux nouvelles formes de la musique, de la peinture, de la sculpture. Dire : « Quelle horreur ! » montre que tout un monde nous devient étranger.

Quand nous percevons ce signal d'alarme, il est temps de faire effort pour s'ouvrir au jamais vu et devenir une outre neuve qui supportera les vins fous.

VIVENT LES MAGNIFIQUES

Saint Thomas d'Aquin fustige la médiocrité par une formule qui m'a secoué :

Être capable de grandes choses et se contenter de petites.

Quand je me suis montré médiocre, je le sens et je ne suis pas heureux. J'ai alors la tentation de jouer la modestie alors que le grand Thomas me dit de jouer au contraire la magnanimité. C'est un mot que j'aime, il est large, somptueux, construit à partir de *magnus*, grand. J'aime beaucoup aussi l'expression *magnalia Dei*, les puissantes actions de Dieu. Nous ne sommes pas ses fils quand nous restons au-dessous de nos possibilités.

Bien sûr, on nous a appris l'humilité, mais j'imagine ce dialogue :

L'humilité à la magnanimité : ne fais pas la folle !

La magnanimité à l'humilité : ne fais pas la faible.

C'est la magnanimité qui doit commander notre vie, pas l'humilité. Être modeste, bien sûr, mais grandement, noblement. En Jésus, humble de cœur, peut-on imaginer quelque chose de médiocre ? Il n'aimait pas les velléitaires, les chercheurs des grâces qui ne demandent pas d'effort. Il ne proposait pas un idéal à mi-côte mais tout de suite le sommet : « Soyez parfaits comme votre Père céleste ! »

Ça me rappelle le meilleur remède que je connaisse contre la médiocrité, il est de Pascal :

— Faire les petites choses comme grandes à cause de la majesté de Dieu qui les fait en moi. Et les grandes comme petites et aisées à cause de sa toute-puissance.

SUIS-JE SA CHANCE ?

Est-ce que cet enfant pensera un jour : « Je suis ce que je suis grâce à toi » ? Je me souviens d'avoir entendu dans une interview une réflexion de ce genre : « À 15 ans, j'ai eu la chance de rencontrer quelqu'un qui m'a ouvert les portes de la vie. » Mériter cela vaut la peine de lutter contre les difficultés et les découragements.

Il n'y aura pas que nous dans sa vie, mais peut-être serons-nous celui ou celle qui l'aura initié à ce qui ouvre les portes de la vie : conquérir l'intériorité. La capacité d'accueillir les informations (leçons, médias, discussions, lectures…), de les assimiler, d'en faire une nourriture de l'esprit et du cœur.

Bien sûr, cela exige notre propre paix, notre discernement et notre profondeur. Il ne s'agit pas de bourrer ce jeune d'idées et de choses mais de l'aider à construire, intérieurement, sa personnalité. « Trie, mon fils ! Que ta tête ne soit ni un entrepôt ni un couloir. Rejette ou accepte selon ton art de choisir et ta volonté de transformer ce que tu reçois en acquis très personnel. De toute façon, tu seras unique, mais quel unique veux-tu devenir ? »

LAMENTO

Extrait d'une lettre de Céline, parlant de sa mère : « Elle essaye d'attirer la compassion en se plaignant de tout. Mon mari l'écoute et il entre dans ses plaintes. Ce climat d'insatisfaction dans lequel nous vivons me donne envie de fuir. »

Le lamento chronique rend certainement difficile la vie commune. Quel ennui par exemple les rhapsodies sur le thème de « mes douleurs ». Et quel contre-témoignage. Un chrétien qui se plaint toujours montre qu'il ne croit guère à l'amour de Dieu pour lui et à l'union au Christ par la souffrance.

La plainte chronique met aussi en jeu l'éducation. Si on veut habituer les enfants à supporter les ennuis de la vie, il faut que les adultes autour d'eux leur enseignent ce courage. Petit courage ? Peut-être, mais il forge les caractères.

Que de fois j'ai admiré le courage des mamans. « Elles ne s'écoutent pas », selon leur belle expression, trop occupées à soigner les petits et à tenir la maison. Le souci des autres, c'est finalement le secret du refus de gémir. « Pas le temps de me plaindre ! »

NOTRE LITURGIE INTÉRIEURE

« C'est ainsi, écrit Patrice de La Tour du Pin, que j'ai compris la liturgie intérieure : il faut que je demeure en moi sans m'enfermer. »

Pour cultiver la vie intérieure comme solitude de base, on est parfois tenté de se réfugier dans une sorte de cellule intérieure un peu artificielle et beaucoup trop barricadée. L'égoïsme n'est pas loin, et le renfermement.

On doit plutôt s'orienter vers une intériorité ouverte. Je la vois comme un double réflexe : se réintérioriser constamment et assez vite, mais rester attentif aux autres, prêt à bondir pour aider.

Utopique ? Disons que c'est difficile et toujours à revoir. Selon notre tempérament, nous aurons tendance à nous refermer ou à nous disperser. Après avoir un peu réfléchi là-dessus pour établir un bon diagnostic, nous apprendrons à nous méfier de tout ce que nous dressons comme obstacle entre nous et les autres pour sauvegarder une vie intime qui serait alors sans amour.

Mais à l'inverse, si nous n'arrivons plus à rentrer en nous-mêmes et à nous recueillir, si nous allons de distraction en distraction, si nous prenons horreur de la prière de silence, nous avons besoin de conquérir ou de reconquérir notre « liturgie intérieure ».

« IL PRIT UN FOUET »

Début si paisible de l'Évangile de Jean. La rencontre avec les premiers disciples, les noces de Cana. Et puis tout à coup un Jésus violent.

« Étant monté à Jérusalem, Jésus trouva dans le Temple les marchands de bœufs, de brebis et de colombes ainsi que les changeurs. Alors, s'étant fait un fouet avec les cordes, il les chassa. »

Je regarde Jésus en colère. Je n'ai pas envie de l'imiter. Les disciples, eux, mesurent le courage : « Quelle passion pour Dieu ! » En écrivant cela, l'évangéliste savait que cet acte était le premier de ceux qui allaient conduire Jésus à la mort : il ne transigerait en rien, il ferait tout ce qu'exigerait sa mission.

Je suis loin de risquer la mort, mais l'idée même de risque me pousse à ne pas rester devant ce Jésus au fouet. Qu'est-ce qui se passerait si j'osais faire des choses pareilles, m'élever fortement contre des paroles et des comportements qui vont contre Dieu quand ils blessent des hommes ?

Fortement. L'Évangile exige d'être fort. Par exemple, dans ce groupe où l'on calomniait quelqu'un, j'aurais dû prendre le fouet. Dans ce bureau de poste où un employé humiliait un émigré, j'aurais dû prendre le fouet.

DES WAGONS DE PÉCHÉS

Son fils de 12 ans venait de mourir d'une leucémie dans d'atroces souffrances. Une équipe du Secours Catholique l'avait accompagné durant ces moments difficiles.

Quelques mois plus tard, il revint les voir, chargé de haine et de dégoût contre l'Église et contre Dieu. Lors des obsèques, le curé de la paroisse, qui avait certainement cru bien faire, avait dit que « Patrice était mort pour racheter les péchés du monde ». « Il a dû en racheter des wagons et des wagons », s'était indigné le papa.

Les membres de l'équipe ne dirent rien. Pas plus qu'ils n'avaient utilisé la période de la maladie de Patrice pour faire du prosélytisme de mauvais aloi. Ils savaient qu'en confiant dans la prière leur action au Seigneur, cette action dirait un jour quelque chose de Jésus Christ. Quand on a accepté de rencontrer celui qui est exclu, de faire en sorte qu'il se relève, qu'il se prenne en charge, il devient capable de nommer Celui qui est à la source de toute vie.

Sur le perron, avant de partir, le père meurtri confia simplement : « Si votre Dieu c'est l'amitié, la solidarité qu'on a vécues ensemble, alors je veux bien y croire. Si votre Église c'est la communauté qu'on a formée, j'en suis. »

(Histoire vécue dans une permanence
du Secours Catholique)

« JE NE SUIS PAS LE PAPE ! »

Henri attaque constamment l'Église. Quand je lui dis d'arrêter, il me répond : « Vivent les râleurs comme moi, ils sont utiles, les béni-oui-oui ne font rien avancer. » Il n'a pas tout à fait tort, mais pourquoi me met-il mal à l'aise ?

Il y a d'abord le ton. Trop méchant et un peu suffisant. Je pense comme lui qu'il faut parler de ce qui nous choque dans l'Église, à condition de rester modeste, donc mesuré, et surtout aimant. Comme chrétien, nous devons tout à l'Église.

C'est notre mère. Que ce soit difficile de comprendre et d'admettre une telle maternité ne change pas cette affirmation de foi. C'est notre mère, et on ne peut critiquer une mère que sur fond d'amour.

Autre chose : les réelles faiblesses de certains dans l'Église, à commencer par une jolie collection de papes scandaleux, ne doivent jamais faire oublier les merveilles de sainteté, d'intelligence et de charité fraternelle qui n'ont cessé de se déployer, même aux périodes les plus noires.

Le dénigrement systématique provoque chez les auditeurs de l'insatisfaction et du découragement. On ne sait jamais qui écoute : peut-être un jeune déjà troublé et qui ne s'en remettra pas. Je connais le cas !

Lorsque Henri vient de se livrer à ses brillants jeux de massacre, je lui dis :

— Et toi, Henri, qu'est-ce que tu proposes ?

— Je ne suis pas le pape !

— Non, mais tu peux l'aider.

LE BILAN DES JOIES

Saint Paul ordonne à ses Thessaloniciens d'être heureux : « Soyez toujours dans la joie » (I Th 5, 16). Toujours ! Peut-on cultiver la joie ? L'éclatante, sûrement pas. La profonde, il me semble que oui.

J'ai admiré plus d'une fois ces gens qui sont d'humeur égale. Douceur, sourire, les ombres et les nervosités vite réprimées. Don de la nature ? Tant mieux.

Mais si nous sommes moins doués pour la joie, nous pouvons la demander, et même encore plus rayonnante, plus continue. Je ne crois pas que ce soit une prière fréquente. Dommage. On pourrait, chaque matin, prier comme pour le pain : « Père, donne-moi ma joie d'aujourd'hui. »

Si ceux qui nous fréquentent sont obligés de penser : « Comment peut-on être aussi heureux ? », nous serons un fameux témoignage.

Un assez bon moyen pour y arriver, c'est le bilan des joies. Quand passe un vent de découragement, faire la liste de tous nos bonheurs, grands, moyens, petits. J'écris cela après avoir essayé. Un vrai cinéma ! Sur l'écran, les choses tristes disparaissent peu à peu, remplacées par des images de joie.

Méthode Coué ? Peut-être. Mais pour un chrétien, c'est un exercice de foi. Être sûr que Dieu nous aime déclenche la ribambelle des joies. Jusqu'à la folle dernière : la joie éternelle.

« ACCEPTE-MOI COMME JE SUIS — NON ! »

J'entends partout en ce moment un slogan qui a un air d'Évangile, mais c'est un faux air.

On dit : « Il faut accepter les gens comme ils sont. » On dit : « Si tu m'aimes, accepte-moi comme je suis. » On dit : « C'est ce que faisait Jésus, c'est ce que Dieu a toujours fait, nous accepter comme nous sommes. »

Non ! Dieu nous accepte en effet tels que nous sommes, mais à une condition capitale : que nous voulions progresser, et qu'effectivement nous fassions des progrès.

Dieu n'est pas du tout béni-oui-oui, il est exigeant, il suffit de lire la Bible. Dieu est exigeant parce qu'il nous aime. Un amour sans exigence de progrès est un amour faible ou méprisant.

Aimons notre famille, notre communauté, nos compagnons de travail, en les voulant meilleurs. Sans les enquiquiner, bien sûr, cet amour exigeant doit être excessivement discret. À base de prière, elle ne fait pas de bruit, à base d'exemples, de remarques judicieuses et paisibles : « Tu aurais peut-être pu faire ceci ou cela… En disant ce que tu as dit, tu as fait trop de peine et tu ne le voulais sûrement pas… Tu es capable de faire beaucoup mieux. »

Commençons par nous-mêmes. Aimons-nous tels que nous sommes, c'est un secret de santé. Osons voir nos défauts mais pour nous dire avec un grand rire : « Tu peux faire beaucoup mieux ! »

LA PAIX OU LA GUERRE ?

À chaque instant, nous pouvons faire la paix ou la guerre. Suis-je plutôt pour la guerre ?

Si je vais ici et là comme un fils de Dieu, tous les hommes sont ma famille, la maison de mon Père est vaste, que ce soit un quai de gare ou l'Uniprix. Rien n'est plus pacifiant que cette filialité et cette fraternité, nous marchons sur un tapis de joies. Tant que nous pouvons prononcer intérieurement « Père », notre cœur est doux, il émet de la paix, et nous avons envie de dire à tous : « Frère. »

Mais nous oublions vite les deux mots de la paix, « Père » et « frère ». Un cœur doux, c'est long à faire. Avec mille petits efforts au long du jour.

Une conversation ? Vraiment, j'écoute.

Un dialogue ? Ma pensée s'incline devant une autre pensée.

Un commérage va me rendre intéressant (« Ah ! Vous êtes au courant ? »). J'arrive à me taire.

Une réplique spirituelle et méchante est sur mes lèvres ? Je la bloque. « En ravalant des paroles méchantes, dit Churchill, personne ne s'est jamais abîmé l'estomac. »

Je dois dire à quelqu'un une vérité pénible ? Je le ferai mais en pensant au proverbe arabe : « Quand tu lances la flèche de la vérité, trempe la pointe dans du miel. » Et j'entends aussi saint Augustin : « Aime, et fais ce que tu veux. Si tu aimes avant de corriger et en corrigeant, tu pourras dire ce que tu dois dire. »

LE 118

Étonnant psaume 118, immense poème du grand retournement. Arriver à voir les exigences de Dieu comme des joies. C'est pourtant bien écrit noir sur blanc et ça se chante. 176 versets pour dire et redire la même incroyable adhésion à Dieu.

Tes exigences sont la joie de mon cœur.
La bouche grande ouverte, j'aspire
Assoiffé de tes volontés.

Peut-on vraiment adopter ce psaume sans être hypocrite, ou tout bêtement distrait, comme cela arrive quand la Parole glisse sur nous. Je veux regarder de près cette étrange déclaration d'amour à des exigences.

Je me sens renvoyé au *Notre Père* : « Que ta volonté soit faite. » Malheureusement, ce qui devait exprimer une adhésion joyeuse a pris la couleur grise de la résignation : il faut bien que j'accepte puisque je ne peux pas faire autrement.

Le oui de Marie a une autre allure : celle du plus amoureux des chèques en blanc : « Que tout m'arrive comme tu le veux. » Même quand au pied de la croix, ce oui global doit devenir l'acceptation d'une douleur sans nom. Comme le oui de Jésus qui a sauvé le monde : « Pas ma volonté, Père, mais ta volonté. »

Nous sommes-nous éloignés du 118 ? Non, nous ne pourrons dire oui à une exigence très dure que si nous cultivons le réflexe fondamental du psaume : devenir un assoiffé des volontés de Dieu parce que nous avons compris que ce sont des volontés d'amour.

Quelles que soient les apparences, ce que Dieu me demande est la demande de quelqu'un qui m'aime.

VIENNE TON RÈGNE !

Je vis dans une communauté religieuse où l'on dit le *Notre Père* très lentement. Les mots redeviennent des mots pleins auxquels je repense, parfois, après la prière.

Ce matin, en me redisant « Que ton Règne vienne », j'en voyais mieux les deux sens : « Père, fais venir ton Règne » et « Père, embauche-moi sur ton chantier ».

C'est la plus multinationale des entreprises. Transformer le monde entier en monde d'amour. Quand je dis « Vienne ton Règne », je pense : vienne l'amour. Mais si je ne fais pas quelque chose pour ça, ma prière n'est pas très sérieuse.

Faire quoi ? La télé pourrait me donner bien des idées en m'ouvrant aux avancées et aux piétinements du Règne partout dans le monde. En fait, elle casse plutôt mes élans. Trente minutes de journal parlé et on sort de là accablé. Est-ce qu'on peut parler d'amour à ce monde d'argent et de haine ?

Oui on peut, et si je pense que ce n'est pas possible, Jésus me secoue : « Rien n'est impossible avec Dieu. »

C'est cet « avec Dieu » qui donne du sérieux et du souffle à mon propre combat : « Avec toi, Seigneur, je peux essayer de ne plus réagir que par amour. Ce qui me donnera le droit d'appeler à aimer partout où j'ai un peu d'influence. »

« Vienne ton Règne » me demande d'élargir cette influence. Jean-Paul II parle de capillarité : entrer partout, sympathiser avec tout, travailler avec tous, pour que n'importe quelle haine et quel égoïsme reçoivent une onde d'amour.

« JE DÉMISSIONNE »

Frank est venu me voir, ulcéré par la manière injuste dont on le traite dans l'entreprise où il est cadre supérieur.

— Des sourires en face mais, par-derrière, on me démolit.

Il me parle avec trop de véhémence, il n'a pas sa lucidité habituelle, il exagère, il gomme, et surtout les questions de personnes me semblent tenir trop de place. Je sais quel cadre remarquable il est, avec quelle passion il s'attaque aux dossiers. Quel choc quand il me dit :

— Je démissionne.

Démissionner est un mot terrible. On le lance sous le coup de la colère et de l'écœurement, mais quand le calme est revenu, on mesure les dégâts et c'est trop tard.

Première sagesse : ne pas démissionner à chaud. Attendre d'avoir les moyens d'être plus objectif.

Deuxième sagesse : mettre très au clair les questions de personnes. Dire : « X… m'en veut » doit être vérifié, est-ce si sûr ? Comment l'ai-je appris ? Puis-je avoir une explication avec lui ? Dans le cas assez dur où cette hostilité est réelle, serait-elle un obstacle grave pour mon travail ?

C'est la troisième sagesse : placer au-dessus de tout les services que je peux rendre. Même si un certain climat rend les choses plus difficiles, je dois faire patiemment l'expérience de ce qui est encore possible. En pensant que les situations évoluent, et pas forcément en plus mal.

MANQUENT LES RÉCEPTEURS !

Un mécène veut favoriser la vie d'une petite île du Pacifique. Il y fait installer un superbe relais de télévision. Un an après, il va visiter les heureux bénéficiaires pour juger le résultat. Néant ! On avait oublié de donner aux gens des postes de télévision. Il y avait un émetteur mais pas de récepteurs !

Pourquoi cette histoire me fait-elle penser à certaines messes du dimanche ? Le Christ est là, l'Esprit est là, le Père est là. Et Marie, et les anges et les saints. Pour un énorme travail de salut du monde : l'offrande du Christ et nous dans son offrande. Le plus puissant émetteur de grâces.

Mais nous, quels récepteurs ? Je vois des gens arriver à n'importe quel moment, comme dans un cinéma permanent. Je les vois s'ennuyer et regarder l'heure. Ils fuient dès la dernière bénédiction, et même avant.

Pauvre messe ! Quand arrivera-t-on à vraiment l'aimer ? Pas pour les chants ou l'homélie, mais pour l'offrande du Christ et la nôtre. Pour apaiser une violente faim eucharistique. Pour rencontrer des frères et ressortir cent fois plus fraternel.

Messe, puissant émetteur. Mais quels récepteurs ?

« JE N'AI PLUS QU'À ÊTRE BONNE »

À 77 ans, la bienheureuse Marie-Eugénie, fondatrice des Religieuses de l'Assomption, sent ses forces décliner. On lui fait comprendre qu'elle doit donner sa démission de supérieure générale. À la sortie du Chapitre où tout s'est décidé, elle dit en souriant :

— Je n'ai plus qu'à être bonne.

Je trouve ça merveilleux comme réaction. Et un modèle pour ceux que l'âge condamne à la démission ou à la mise à l'écart. Tout d'un coup, la fin des responsabilités. La tristesse et l'ennui pourraient s'engouffrer dans ce vide. On pose d'ailleurs à Marie-Eugénie l'éternelle question : « Comment bien vieillir ? »

Elle a tout de suite perçu pour elle-même la réponse : entrer à plein temps dans la bonté. Elle n'a plus à surveiller, commander, réprimander. Elle peut déployer sans limite l'écoute ouverte et la parole tendre. N'être qu'amour.

À quel autre moment la vie donne-t-elle cela ? Comme c'est dommage de voir des gens âgés refuser l'offre sublime : maintenant, ne te soucie plus que d'une chose, être bonne.

Ce n'est d'ailleurs pas plus facile à cet âge qu'à un autre, mais Marie-Eugénie a tenu parole. Elle a été bonne avec ses visiteurs, ses infirmières, ses infirmités. Elle disait aussi qu'on peut rester jeune avec Jésus en nous, si jeune !

70 FOIS 7 FOIS

À Pierre qui lui demande s'il doit pardonner 7 fois, Jésus répond 70 fois 7 fois. C'est si énorme que nous laissons tomber. Pardonner deux fois, ce serait déjà un fameux exploit.

Mais une parole de Jésus doit forcément nous faire vivre quelque chose. Jésus lui-même éclaire son 70 fois 7 fois par une parabole qui montre le lien entre notre relation à Dieu et notre comportement fraternel : « Si vous ne pardonnez pas à votre frère de tout votre cœur, mon Père du ciel vous traitera de la même façon. »

Ne pas comprendre que nous ne pouvons aimer Dieu qu'en aimant nos frères aboutit à des sortes de monstres : des gens très pieux et affreusement égoïstes ou vindicatifs.

Sans aller jusque-là, nous imaginons trop souvent que notre effort vers Dieu et nos efforts fraternels sont deux choses qu'on peut vivre parallèlement. Non, nous sommes toujours aux yeux de Dieu ce que nous sommes pour nos frères.

Le lieu de notre relation à Dieu, notre temple intérieur, c'est l'état de nos relations fraternelles. Bien
des chrétiens piétinent dans l'oraison parce qu'ils
veulent la pratiquer sans s'occuper de leurs refus
de pardonner.

Le 70 fois 7 fois, qui signifie : « Pardonnez sans
cesse », correspond au « priez sans cesse ». Et cela
veut dire qu'il n'y a jamais d'excuse pour vivre hors
amour. Jamais.

« NOUS SOMMES MENACÉS DE VIE »

Un journaliste guatémaltèque, menacé de mort dans le contexte de violence de son pays, a donné ce témoignage :

Ils disent que je suis « menacé de mort »… Peut-être ! Quoi qu'il en soit, je demeure tranquille. Parce que s'ils me tuent ils ne m'ôteront pas la vie, je l'emporterai avec moi.

Il n'y a pas grand-chose qui m'émeuve, parce que depuis mon enfance quelqu'un a soufflé à mes oreilles une vérité inébranlable : « Ne crains pas ceux qui peuvent tuer le corps mais qui ne peuvent t'ôter la vie. »

La Vie — la vraie Vie — s'est fortifiée en moi quand à travers le P. Teilhard de Chardin j'ai appris à lire l'Évangile : le processus de résurrection commence avec la première ride qui apparaît sur notre visage, avec la première tache de vieillesse qui apparaît sur nos mains, avec les premiers cheveux gris. Ainsi commence la Résurrection.

On dit que je suis menacé de mort, de la mort corporelle, celle qu'aimait François d'Assise. Mais qui n'est pas « menacé de mort » ? Nous le sommes tous dès que nous naissons. Parce que naître, c'est déjà un peu s'enterrer aussi.

Que je sois menacé de mort ? Il y a dans cet avertissement une erreur conceptuelle. Ni moi ni personne, nous ne sommes menacés de mort, nous sommes menacés de Vie, nous sommes menacés d'espérance, nous sommes menacés d'amour. Il y a erreur. Chrétiens, nous ne sommes pas menacés de mort. Nous sommes « menacés » de « Résurrection », parce que, en plus du Chemin et de la Vérité, Jésus est la Vie.

José Calderon Salazar
(Tiré de *Cris et combats de l'Église
en Amérique latine*, par le P. Declercq, Cerf.)

MONTER À JÉRUSALEM

En lisant l'évangile, ce matin, je suis resté long-temps sur un de ces versets qui font passer brusquement du bleu au rouge. C'est Luc 9, 51 : « Alors qu'arrivait le temps où il allait être enlevé du monde, Jésus décida courageusement de monter à Jérusalem. » En clair, il décida d'aller au bout de sa mission, même s'il fallait en mourir.

Pourquoi les souffrances et la mort ? Jésus dira aux pèlerins d'Emmaüs : « Il fallait que le Christ souffrît pour entrer dans la gloire. » (Lc 24, 26.) Le Christ, et nous derrière lui. Pourquoi ?

L'Évangile ne donne pas la réponse, ce sera tou-jours le mystère d'une vie humaine, bloc de joies et de peines, puis la mort. Nous pouvons seule-ment essayer de faire confiance au Père comme Jésus : « Que ce calice s'éloigne de moi, mais pas ma volonté, la tienne. » Nous saurons, un jour, comment cette volonté était une très concrète volonté d'amour à notre égard.

En attendant, nous devons faire le plus difficile des actes de foi : « Même là, je crois que Tu m'aimes. » Et apprendre à souffrir chrétiennement.

Des théories ? Non, des expériences. Celle de Jésus : de ses souffrances et de sa mort a jailli une telle puissance d'amour qu'elle a éclaté en résurrection et en salut pour tous les hommes. Autour de nous aussi des souffrances vécues avec le Christ font éclore des fleurs étonnantes de courage et d'amour.

Alors, la souffrance est bonne ? Non, aucune, jamais. Il faut partout la combattre. Mais quand elle devient impossible à vaincre, reste à lui arracher l'étrange richesse qu'elle recèle : un pouvoir de purifier, de faire grandir, de nous faire sauveur avec le Sauveur.

FAUT-IL TOUT SUPPORTER ?

La patience permet de supporter la vie et les gens. Mais il y a de mauvaises patiences. Jésus n'a pas supporté le pharisaïsme, les ruses d'Hérode, l'avarice, le commerce au Temple.

Nous devons parfois réagir contre une injustice à notre égard et toujours contre une injustice à l'égard d'un autre. En défendant directement l'opprimé mais aussi en faisant réfléchir l'oppresseur quand c'est possible. S'opposer à la méchanceté, à la ruse, à la prétention, c'est être fraternel, non seulement pour telle ou telle personne mais pour tout un milieu dont nous favorisons la santé. Un groupe où peuvent régner impunément l'injustice et le mépris est un groupe malade.

Pourquoi tolérons-nous parfois l'intolérable ? Il faut du courage pour se poser cette question parce que cela nous fait découvrir des aspects de nous-mêmes pas très reluisants. Mais c'est le seul moyen de débusquer des lâchetés. Je ne suis pas patient avec Raoul, j'ai peur de ses réactions si j'ose protester.

116

Pour que nos patiences soient de bonne qualité, il faut voir si elles sont un témoignage de force. Supporter trop de choses de la part de nos enfants ce n'est pas de la patience, c'est de la démission. Souvent compréhensible : fatigue, besoin de calme, désir d'être aimé. Mais à l'école ou en famille, ceux qui aident le plus nos enfants, ce sont les patients dont ils peuvent admirer la fermeté.

« LAISSE ENTRER L'INFORMATION »

L'information est à cueillir partout, mais c'est un art qui exige trois sortes d'éveil permanent.

D'abord, ce que j'appellerais la virginité de l'écoute. On me parle, je lis un article de journal, je veux méditer les textes de « Prions en Église ». Au lieu d'opposer tout de suite ce que je pense, il faut que je laisse entrer l'information sans barrage, dans un silence intérieur qui va lui laisser toutes ses chances d'être elle-même et non colorée (défigurée ?) par moi.

Deuxièmement, je dois être prêt à la surprise. Il y a là une capacité d'écoute pas tellement commune, l'ouverture à des faits et des mots imprévus, à un interlocuteur qui me désarçonne. Si je réagis mal, je risque de ne rien cueillir.

Enfin, et c'est le plus difficile, il s'agit de rester tout le temps attentif. Notre force d'attention serait une grande cueilleuse d'informations si elle n'était pas trop vite lasse et distraite. L'épouse dit au mari qui rentre fatigué : « Est-ce que tu m'écoutes ? »

Les parents répètent aux adolescents : « Écoute-nous ! » Les jeunes ne sont pas toujours butés mais tout de suite « ailleurs ». Et ne nous trouvent-ils jamais nous-mêmes ailleurs ? « Papa ne m'écoute pas. » Si, nous écoutons, mais pas assez attentivement et longtemps.

Le Seigneur a des choses à nous dire, ses informations seraient précieuses. Un texte de la Bible, la parole d'un prêtre, une inspiration dans l'oraison. Mais il doit souvent se dire : « Est-ce que tu m'écoutes ? »

« JE CHERCHE TA PRÉSENCE »

J'ai toujours rêvé de garder constamment la présence de Dieu, et bien sûr je la perdais. Je ne la cherchais que d'un côté, par l'effort direct de présence, l'oraison du matin et des reprises de conscience dans la journée. Pour me retrouver souvent le soir avec un maigre bilan.

Une parole de saint Ignace de Loyola m'a éclairé : « Chercher Dieu en toutes choses ». On peut rester uni à Dieu non seulement dans la prière mais dans l'action, à condition d'apprendre à le trouver en tout ce que l'on fait.

C'est la spiritualité du « service de Dieu » par le travail bien fait et l'aide fraternelle. On est alors uni de volonté, et même si on ne prend pas conscience de cette union, elle est aussi réelle, et parfois plus, que l'union dans la prière.

Il y a d'ailleurs circularité entre ces deux modes de présence à Dieu. Nadal, un des premiers compagnons d'Ignace, et le meilleur commentateur du célèbre « Chercher Dieu en toutes choses », a beaucoup réfléchi sur l'enrichissement réciproque entre travail et prière : « Par la prière et les autres exercices spirituels, nous recherchons la perfection afin de pouvoir aider le prochain.

Cette aide nous fait progresser dans une prière toujours plus parfaite, pour qu'ensuite nous puissions encore mieux travailler pour le prochain. » Cette idée qu'on est uni à Dieu par le fait même qu'on exécute le mieux possible ce qu'il attend de nous, m'a libéré et unifié. Dans ma vie, maintenant, Marthe et Marie ne cessent de se jeter des clins d'œil complices.

« VOUS ME PRENEZ POUR UNE VIEILLE BIGOTE ? »

Depuis plusieurs jours, un mot de Guillaume me trotte dans la tête. Il voulait davantage de prière dans sa vie mais rien ne lui allait, ni l'oraison de silence (« C'est bouffé par les distractions »), ni la Prière du temps présent (« Je n'entre pas dans les psaumes »).

— Et le chapelet ?

— Vous me prenez pour une vieille bigote ?

C'est vrai que les jeunes ont lâché le chapelet. C'est vrai qu'il est lié à des images vieillottes. Mais moi je l'aime et je vois bien que je ne suis pas le seul.

J'ai marché à fond dans toutes les méthodes de relaxation, et finalement pour moi rien ne vaut l'apaisement du chapelet. Sous l'influence de l'ambiance maternelle, l'anxiété et l'énervement se calment, on se remet à exister en présence de Dieu.

L'Ave Maria me fait vivre en stéréo : « maintenant » et à « l'heure de notre mort ». J'écoute dans la rumeur des jours l'éternité qui vient.

Mais surtout, les quinze scènes évangéliques du rosaire me rappellent obstinément ce que je dois essayer de pratiquer avec Jésus et Marie. Être prêt à recevoir l'appel d'une Annonciation ou d'une Visitation. Me retrouver simple et pauvre de cœur devant l'Enfant, refaire le chemin de la Passion, m'ouvrir à l'Esprit de Pentecôte, rêver à l'Assomption comme sommet d'une vie humaine.

« Mère de Dieu, priez pour nous… » Quel rappel ! Il y a une femme qui est mère de Dieu et qui prie pour nous. Mère douce et puissante, tu pries pour nous.

SI VOUS RENCONTREZ UN CATÉCHUMÈNE

— Dans ma jeunesse, les chrétiens que je connaissais n'avaient pas l'air de chercher, ils vivotaient et ils restaient entre eux. J'ai voulu le baptême seulement pour le Christ, et je me demandais dans quelle archéologie j'allais entrer. Eh bien, je trouve partout une Église réveillée, des chrétiens qui se posent des questions, qui s'intéressent à ce qui se passe dans le monde et même qui se disputent entre eux, comme dans une famille bien vivante.

Qui parle ? Une catéchumène de 50 ans, c'est-à-dire une adulte qui se prépare au baptême. Il y en a actuellement des milliers. Leur enthousiasme comme leurs déceptions ont de quoi nous déconcerter.

— Je ne peux pas m'habituer, disait un ingénieur de 37 ans qui venait d'être baptisé, à votre dislocation après la messe, comme si on sortait d'une gare ou d'un cinéma. On m'avait promis des frères et je suis un étranger.

124

— À mes premières messes, raconte une jociste baptisée à 19 ans, j'aurais embrassé tout le monde. J'avais follement envie de dire au monsieur ou à la dame près de moi : « Je suis une nouvelle chrétienne, c'est fantastique ! Vous, qu'est-ce que vous en pensez ? Comment êtes-vous avec le Christ ? »

Avant leur baptême, vécu intensément pour la plupart la nuit de Pâques, les catéchumènes ont exploré pas à pas le monde de la foi, ce qui les rend très exigeants.

— J'ai été un peu choqué, disait un jeune instituteur, par une catéchiste qui voulait trop bien m'expliquer Dieu, j'avais peur de perdre le mystère, l'adoration.

Et pour nous, qu'est devenue la foi ?

DIEU NETTOIE LES VITRES

Jour de nettoyage. Les vitres. Toutes ces vitres ! J'ai besoin de réactiver mon courage pour ne pas faire ça avec une mentalité d'esclave.

Dieu nettoie-t-il les vitres ? Pourquoi pas ? Dieu fait tout avec moi s'il demeure en moi. Je ne vis pas avec assez de réalisme le commandement de Jean 15, 4 : « Demeurez en moi comme je demeure en vous. » Difficile de se représenter cette habitation mutuelle que les commentateurs de saint Jean appellent « inhabitation », au sens d'habitation si pénétrante et totale qu'il y a symbiose de vie. L'important, c'est d'en voir la conséquence : ce que je fais de bien, Dieu le fait en moi et avec moi.

Majesté de Dieu en moi,
force de Dieu en moi,
étroite communion avec Dieu en tout.
Je vais aller nettoyer les vitres avec Lui.

JE NE VEUX PAS ÊTRE HUMBLE

Il y a des vertus difficiles mais on veut faire effort pour les pratiquer. Je ne veux pas faire effort pour être humble. Humble, modeste, doux, humilité, humblement… Je refuse.

Et voilà que ce matin je tombe sur Matthieu 11, 29 : « Venez à mon école, je suis doux et humble de cœur. Venez, vous trouverez le repos de vos âmes. »

Jésus humble. Jésus lavant les pieds de ses apôtres. « Je suis au milieu de vous comme celui qui sert. » Quand il fait cela, il reste celui qui affirme : « Qui me voit, voit Dieu. » Je vois Dieu humble ! Il faut que je me force pour avancer vers cette idée déroutante : l'humilité est divine.

C'est donc une autre litanie que je dois violemment rejeter : vaniteux, prétentieux, orgueilleux, suffisant, violent.

Et inquiet. Quelqu'un qui a tout le temps besoin d'être mis en vedette, louangé. Qui est malheureux quand on l'oublie, quand on le dédaigne, quand on le contredit durement. Ça fait beaucoup de remue-ménage dans la tête.

« Vous trouverez le repos. » Douceur et paix des humbles. Apprendre à aimer l'humilité parce que Dieu l'aime. Parce que Jésus a dit : « Je suis doux et humble de cœur. »

L'EXTRAORDINAIRE VIE ORDINAIRE

Silence d'un village blanc.
Sous le soleil
Une petite maison ordinaire
Une jeune fille ordinaire.
Elle fait un petit travail ordinaire.

Loin d'elle, dans le monde,
Des gens extraordinaires s'agitent
Des armées se battent
Des rois gouvernent
Des philosophes cherchent
Elle vit dans ce petit village
Silencieuse, paisible
Dans la monotonie d'une vie très ordinaire.

Et tout à coup :
« Tu es bénie entre toutes les femmes ! »
Pourquoi « entre toutes les femmes » ?
Ô Marie de Nazareth
Il ne faut donc pas s'agiter
Pour vivre la plus extraordinaire des vies ?

« POUR VOUS FAIRE PENSER AU BONHEUR »

Le chanteur belge Jules Beaucarne raconte : « Un soir où nous étions à table et que la soupière fumait, maman nous a dit :

— Cessez un instant de parler.

Nous avons obéi.

— Regardez-vous, a-t-elle demandé très doucement.

Nous nous sommes regardés sans comprendre, amusés. Alors elle a dit :

— C'est pour vous faire penser au bonheur.

Nous sommes restés silencieux, heureux et calmes.

— Une maison chaude, a-t-elle ajouté, du pain sur la table, des coudes qui se touchent, voilà le bonheur.

Le repas a repris. Nous pensions au bonheur qui sortait des plats appétissants, au bonheur d'entendre l'un ou l'autre parler, au bonheur qui nous attendrait demain.

Papa a tourné la tête en souriant, comme pour voir le bonheur. Il a dit à ma mère :

— Pourquoi nous fais-tu penser au bonheur ?

Elle a répondu :

— Pour qu'il reste avec nous le plus longtemps possible. »

DIEU PLEURE

Il y a dans l'Évangile des scènes qui nous disent sur Dieu des choses gênantes. C'est trop fort, on préfère passer. Ce matin, dans le récit de la montée de Jésus à Jérusalem, j'ai buté sur les larmes de Jésus : « Quand il aperçut la ville, il pleura sur elle : « Si tu avais su comment trouver la paix. Si tu avais reconnu le moment où tu as été visitée. »

Je regarde Jésus pleurer. « Qui me voit, voit Dieu. » Je vois Dieu qui pleure. Est-ce possible ? Pourquoi ? Il le dit ici : depuis qu'il a créé les hommes, Dieu se heurte à leur incompréhension. Même le don de son Fils n'a reçu qu'indifférence, orgueil, enthousiasmes sans lendemain. Impossible de faire passer la grande révélation : « Je vous aime. Aimez-moi en vous aimant entre vous. » C'est cela qui pouvait donner la paix.

Jésus va mourir parce que les hommes n'ont pas compris que Dieu lui-même venait les visiter. Cette mort et la résurrection vont tout de même ouvrir bien des cœurs à l'amour. Mais il y a toujours des refus.

132

Pas la peine d'aller bien loin. En moi, n'y a-t-il pas refus ? Je suis visité chaque fois que je suis appelé à aimer. C'est à moi que Jésus dit ce matin : « Arriveras-tu à comprendre que là seulement tu peux trouver la paix ? »

Que cela me gêne ou pas, Dieu m'aime au point de pleurer quand je ne vois pas qu'il est en train de m'offrir la paix. Ô Dieu, qui es-tu pour tant te soucier d'un homme comme moi ?

PAS BESOIN DE JOUER AU PAUVRE

— Nous sommes, me dit Valérien, une famille chrétienne sans problèmes d'argent. Mais avec un problème d'Évangile : faut-il jouer au pauvre ?

— Non, lui ai-je répondu, si vous vous sentez tous, parents et enfants, libres et fraternels.

— Je ne vois pas très bien.

— L'argent fait facilement de nous des esclaves et des égoïstes.

Esclaves de l'achat : on se laisse tenter, on dépasse un peu l'utile, et finalement on cède à la griserie d'acheter pour acheter.

Esclaves du confort : on en vient à craindre la plus petite gêne, le moindre effort, on achète tous les gadgets et tous les fauteuils, on vit mollement.

Résultat ? Pour payer les séductions du lèche-vitrine et des catalogues, pour suivre les raffinements du confort, il faut tellement d'argent qu'on hésite à en donner, on devient prudent puis blindé.

— Alors, se poser constamment des questions ? Basculons-nous dans le confort ? Avons-nous vraiment besoin d'une nouvelle télé ? Donnons-nous assez au Secours Catholique et aux Petits Frères des Pauvres ?

— Il me semble qu'il faut aller plus profond. Arriver jusqu'à deux solides réflexes qui en imposeraient à l'argent : l'amour de la vie simple, et l'élan pour partager.

« LES CHRÉTIENS NE SONT PAS MEILLEURS QUE LES AUTRES »

On dit ça. Mais quels chrétiens ? Et quels autres ? Mère Teresa n'est-elle pas meilleure que tel athée notoire, gros marchand d'armes ? Par contre, Max et Christine, non-croyants, qui viennent d'adopter, en plus de leurs quatre enfants, un petit Vietnamien handicapé, ne sont-ils pas meilleurs que la très vieille célibataire si pieuse qui garde jalousement ses richesses et son appartement de 14 pièces pour elle toute seule ?

On ne peut pas comparer des ensembles « chrétiens » ou « non chrétiens » qui sont, chacun, un monde de diversités : « les chrétiens » ça ne veut rien dire, il y a chrétien et chrétien, comme il y a athée et athée.

Ce qui est plus intéressant, c'est de voir la valeur de l'Évangile. Là on peut tranquillement affirmer qu'il est meilleur que les autres révélations religieuses et les conceptions purement laïques de la vie.

Mais tout de suite jaillit la question : les chrétiens vivent-ils selon l'Évangile ? De nouveau on bute contre la généralisation : il y a chez les chrétiens toutes sortes d'adhésions à l'Évangile. Et là, c'est sûr qu'un saint révèle mieux l'incomparable valeur de l'Évangile que mille chrétiens médiocres.

Le slogan « Les chrétiens ne sont pas meilleurs que les autres » traduit généralement une déception : « Vous, les chrétiens, vous avez Jésus mais vous ne le suivez pas. »

C'est en voyant ce décalage que Gandhi hésita à se faire chrétien.

UNIFIER !

La grande révolution de l'Action catholique, ce fut le bouleversement des laïcs quand ils découvrirent que le Royaume de Dieu s'édifiait à partir de leur vie quotidienne. Ainsi craquait la vie double : d'un côté la vie pour Dieu, d'un autre côté la vie pour nous.

L'Action catholique unifiait en imprégnant tout d'Évangile. Les employées de maison jocistes qui se battaient pour leur convention collective avaient conscience de mener le combat de Jésus. Peu à peu, « Parlez-moi de Dieu » est devenu « Parlez-moi d'amour ». Nous sommes avec Dieu, nous vivons de Dieu quand nous nous passionnons pour l'amour fraternel, et quand nous aimons nos tâches d'homme et de femme.

Par ses célèbres *Prières*, Michel Quoist a fait entrer la vie quotidienne dans la prière, c'est pour cela qu'elles furent si vite adoptées. On pouvait méditer et prier même à partir d'un billet de 100 francs, ou des lassantes tâches ménagères. On comprenait qu'alphabétiser ou accepter une permanence à

l'accueil paroissial valaient mieux que se contenter de dire des chapelets.

Mais tout de suite on se rebelle : « Vous êtes contre
le chapelet ! » De nouveau on divise. Alors que le
chapelet peut très bien nous pousser vers l'alphabétisation ou vers la garde des enfants de notre
voisine. Mais des chapelets trop douillets, dits
dans l'égoïsme pour échapper à un engagement,
perpétuent la séparation entre ce qui est pour Dieu
et… tout le reste.

Unifier, c'est aller vers Dieu sans lâcher la vie et
nos frères.

COMMENT TE PLAIRE ?

Comment Te plaire, Seigneur ? Vieille question qui me renvoie au fameux verset 6, 8 de Michée.

Un homme se demande comment se présenter devant « le Dieu de là-haut ».

— Avec des veaux d'un an ? Des milliers de béliers ? Des libations d'huile par torrents ?

Les idées les plus folles. « Et même lui sacrifier mon aîné ? »

Réponse du prophète : « Homme, on te l'a dit ce que Yahvé attend de toi. » Et voilà le 6, 8 :

— Rien d'autre que d'être juste, bon, et de marcher humblement avec ton Dieu.

Facile ? Non ! Bien plus difficile que d'offrir des taureaux. Toutes les religions inventent des sacrifices pour oublier la triple exigence. J'offre mes taureaux et mes moutons quand je veux plaire à Dieu sans être juste, bon et humble. Un cierge, un

140

chapelet, et même une aumône, une messe, tout plutôt que cet acte de justice, cet élan de bonté, la patience de marcher humblement sans perdre la présence de Dieu.

Manie d'imaginer des trucs fabuleux pour écarter le possible à portée de main mais qui me rebute.

— Comment Te plaire ?

— Ô homme ! Tu le sais bien.

« SEULEMENT LES SEMENCES ! »

Le P. Anthony de Mello raconte le rêve de Paquita. Elle avançait au milieu des rayons d'un des plus fabuleux magasins du monde. Soudain, elle découvre Dieu derrière un comptoir !

— Que vendez-vous donc, Seigneur ?

— Tout ce que ton cœur désire.

— Je veux acheter la paix du cœur, l'amour, la sagesse, des remèdes contre toutes les peurs.

— Très bien, dit Dieu, mais ici nous ne vendons pas les fruits, seulement les semences.

Les dimanches, à la messe, nous allons acheter des semences. À l'oraison, Dieu nous donne des semences. Dans un livre de spiritualité, nous trouvons des semences : Nous repartons du sacrement de réconciliation avec des semences.

Et après ? Où les mettons-nous ? Comment travaillons-nous notre terre pour que les semences donnent du fruit ? J'ai envie de pardonner :

semence. J'ai envie de prier : semence. J'ai envie de répondre oui à une demande d'aide en argent ou en temps : semence.

Mais je dois me dépêcher de transformer l'inspiration en réalisation. Ce qui me perd, c'est de laisser un intervalle entre la grâce et son exploitation. Dans cet intervalle se glissent mille raisons de temporiser, je dis « demain » et mes semences s'accumulent sans donner des fruits.

UN CŒUR EN ATTENTE

Je ne me lasse pas de l'Annonciation. Le premier mystère du Rosaire, devenu notre Angélus. La si belle scène en bleu et or. L'extraordinaire dialogue qui nous fait pénétrer dans le cœur de Marie. Chaque fois cela me donne envie d'avoir moi aussi un cœur en attente. « Marie, donne-moi ton cœur d'Annonciation. »

— L'ange peut-il te dire : « Le Seigneur est avec toi » ? Un peu, oui. Je mesure bien la différence avec toi, comblée de Présence. Mais je fais vraiment effort pour ne pas trop me désunir de Dieu. Je sais que le Seigneur est toujours avec moi, c'est bien ma faute quand je me laisse trop distraire de lui.

— Es-tu disposé à lui dire « oui » ?

J'attendais ta question ! Toi, tu le sais bien qu'on n'est vraiment lié au Seigneur que par l'anneau du oui. Tu l'étais déjà, mais quel oui ce jour-là ! Et redit le jour des 12 ans de Jésus, le jour de son départ de Nazareth, les jours où tu avais si peur pour lui. Le jour de la croix.

Toi qui es la maman des oui, aide-moi à rester en attente pour ne pas être pris au dépourvu par la vie, quand Dieu y dépose une demande de oui.

JÉSUS AIMAIT LES FOULES

Jésus a aimé les foules. Les chrétiens partagent-ils cet amour ?

Je relis le récit de la multiplication des pains dans Matthieu 16, 32-39, où cinq fois on parle de la foule. Je restais un peu en retrait quand un geste de Jésus a éveillé mon attention : « Il prit les sept pains et les poissons, il les donnait aux disciples, et les disciples aux foules. »

Je me vois, je vois les chrétiens avec Jésus devant la foule et appelés à la nourrir. Est-ce utopique ? Et même prétentieux ? Nous réagissons spontanément comme les disciples qui avaient dit : « Où veux-tu que nous trouvions de quoi nourrir tous ces gens ? »

Où ? La réponse, c'est l'engagement de bien des chrétiens dans les actions collectives : Secours Catholique, CCFD, Banques alimentaires, Restos du cœur, actions pour les sans-logis, Acat. Là-dedans, il n'y a évidemment pas que des chrétiens, mais il y en a beaucoup. Une épicière me disait que parmi les clients qui achetaient pour la Pologne, la Roumanie, et pour les colis de Noël, elle repérait facilement les chrétiens.

Les foules ont aussi besoin d'un autre pain : connaître Celui qui seul peut donner le vrai sens de la vie et une espérance éternelle. Là encore, on peut se sentir découragé d'avance et se taire. Mais qui, dans le silence de l'indifférence actuelle, entendra parler de Jésus si les chrétiens n'osent plus parler ?

Comment ? Dès qu'on y pense vraiment, il y a bien des occasions de glisser un mot, de rectifier une erreur, de passer un livre ou une revue. Que des milliers de chrétiens bougent, et les foules seront nourries.

« JE VEUX VIVRE MON DIVORCE AVEC LE CHRIST »

— Je suis croyante, me dit Nadine, j'ai toujours tout vécu avec le Christ et je veux vivre aussi mon divorce avec lui. Mais je dois porter deux poids : celui du divorce et celui de mon entourage. Les parents prennent cela comme une catastrophe qui ruine tout. Il y a des dégâts, c'est vrai, mais aussi des choses neuves à construire. Je voudrais qu'on m'aide à bien repartir avec les petits, et je ne tombe que sur des plaintes et des remarques injustes. « De notre temps, dit ma mère, nous tenions. Vous, à la moindre difficulté, vous lâchez. »

Je comprends que Nadine puisse trouver la comparaison injuste, on aide rarement un jeune avec des « de notre temps ». Il vaut mieux essayer de voir avec eux ce qu'ils ont à vivre dans le temps qui est le leur, les préparer à « tenir » dans la vie de couple telle qu'elle se présente maintenant et, s'ils n'ont vraiment pas pu tenir, examiner le plus positivement possible comment ils peuvent vivre leur divorce.

Après le départ de Nadine, j'ai ouvert le petit livre où Jean-Paul II parle des problèmes « de la famille dans le monde d'aujourd'hui ». Je trouve ceci, au sujet d'un divorcé non remarié : « Son témoignage de fidélité et de cohérence chrétienne est d'une valeur toute particulière pour le monde et pour l'Église ; celle-ci doit plus que jamais lui apporter une aide pleine de sollicitude affectueuse, sans qu'il y ait aucun obstacle aux sacrements. »

« TOUT CE QUE VOUS DEMANDEREZ... »

« Tout ce que vous demanderez avec foi, vous le recevrez. » Dès que je me retrouve devant ce verset 21, 22 de Matthieu, je repense à mes prières pour Pierre, un jeune religieux qui se mourait du cancer. Comme j'ai prié, comme nous avons prié, nous tous qui l'aimions ! Il est mort. Nous n'avons pas reçu ce que nous demandions.

Quand sommes-nous exaucés ?

Je lis et relis ce verset. Je m'aperçois que je n'avais pas assez remarqué un mot dans la promesse de Jésus : « avec foi ». Quand nous demandons, nous ne mobilisons jamais assez notre foi. Priez « sans douter », nous dit aussi Jésus (21, 21).

Mais nous, après une prière inexaucée, nous repartons avec une déception de plus, et une foi courbée, alors qu'il faudrait la redresser contre le doute : notre prière est inexaucée « apparemment », mais elle est exaucée « sûrement ». La force de la prière de demande est dans cet acte de foi : croire que Dieu nous exauce toujours.

Quel exaucement ? En priant avec une telle foi, nous pouvons nous rapprocher de Dieu d'une façon tout à fait étonnante. Les quakers expriment cela dans leur célèbre conseil : « Ne prie pas pour que Dieu t'exauce mais pour exaucer Dieu. » Pour entrer dans ses vues, même si c'est la nuit.

Par la force de notre foi en l'exaucement infaillible, notre demande se coule dans ce qu'il voit, Lui, de notre situation, et dans ce qu'il va faire pour cela.

Celui qui va agir est puissant et il nous aime. C'est seulement sur ce roc qu'on peut solidement construire la prière de demande.

ROSAIRE DES INTERCESSIONS

1. *Annonciation*. Je prie pour toutes les vocations. Y compris les annonciations qui s'appellent : conversion, maladie, situation nouvelle, veuvage.

2. *Visitation*. Je prie pour tous les visiteurs : hôpitaux, prisons, personnes âgées, nouveaux venus dans l'immeuble, le quartier.

3. *Nativité*. Pour la foi en la divinité de Jésus.

4. *Présentation*. Pour ceux qui ont du mal à suivre les directives de l'Église.

5. *Jésus perdu et retrouvé*. Pour ceux qui cherchent Jésus.

6. *Gethsémani*. Pour les plus terribles souffrances : dépression, trahison, peur de Dieu, perte d'un enfant, handicap.

7. *Flagellation*. Pour les torturés.

8. *Couronnement d'épines*. Pour les humiliés.

9. *Portement de croix*. Pour les cancéreux et les sidéens.

10. *Mort sur la croix*. Pour tel mourant que je connais.

11. *Résurrection*. Pour que les chrétiens prouvent que Jésus est vivant.

12. *Ascension*. Pour que les prédicateurs sachent parler du ciel.

13. *Pentecôte*. Pour que tout chrétien soit charismatique.

14. *Assomption*. Pour que Marie nous aide à mener une vie extraordinaire dans notre quotidien le plus ordinaire.

15. *Couronnement de Marie*. Pour que la dévotion à Marie soit forte et juste.

« JE NE SUIS PAS SUPERMAN »

Xavière est entrée avec son enthousiasme des grands jours. « Je peux vous lire ça ? C'est exactement ce que j'éprouve. »

J'écoute : « Tant qu'il y aura un homme enchaîné ou torturé, je ne serai pas heureux. »

Très beau. Mais vais-je dire à Xavière ce que je pense ? Je crois que certains sont faits pour une immense compassion. On sait bien que l'abbé Pierre, par exemple, ne peut supporter qu'il y ait dans le monde une injustice ou une misère. Mais il ne s'est jamais contenté de souffrir seulement « en pensée ». Il agit ! Même à présent, avec les quelques forces qui lui restent. Xavière est malheureuse quand elle « pense » aux opprimés et aux torturés, sans faire grand-chose pour soulager des misères autour d'elle ou pour se battre contre des injustices. J'essaie de le lui dire, elle me répond : « Je ne suis pas Superman. »

— Tu voudrais l'être ?

— Oui, pour faire des choses immenses.

— Comme tu ne peux pas faire de l'immense, tu ne fais rien, et tu te rends malheureuse. Regarde plutôt près de toi. On attend ton aide, ton courage.

— Ça ne serait qu'une goutte d'eau.

— On l'a dit même à Mère Teresa. Elle a répondu : « C'est avec des gouttes d'eau qu'on fait la mer. »

« AUGMENTE EN NOUS LA FOI »

— Augmente en nous la foi, disent les apôtres au Seigneur.

— Si vous aviez un peu de « vraie » foi, gros comme une graine de moutarde, vous diriez à ce sycomore : déracine-toi, va te planter dans la mer, et il vous obéirait. (Luc 17, 5-6.)

Le problème n'est pas la foi mais la « vraie » foi.

— Celle qui jette les arbres dans la mer ? Une foi de magicien ?

C'est une image. Elle fait comprendre l'énorme différence entre la foi ordinaire, une confiance en Dieu pas très assurée, et cette force incroyable dont parle Jésus : elle peut tout obtenir et tout vaincre.

Il dit cela au moment où les apôtres sentent bien que leur foi ne tient pas devant les exigences de Jésus : pardonner 70 fois 7 fois, ne pas chercher le pouvoir ni l'argent, ne pas répudier une épouse qui vieillit. Nous aussi, nous mesurons soudain la faiblesse de notre foi devant le vertige d'une tentation, l'horreur d'une souffrance physique, la honte d'être au chômage.

Dans certaines situations, le courage ordinaire a besoin d'une force extraordinaire et nous dirions volontiers : « Augmente en nous la foi ! »

Mais ce n'est pas tout à fait la bonne prière. Il vaut mieux demander la « vraie » foi. La foi devant laquelle Jésus ne pouvait pas résister : « Ta foi t'a sauvé. »

LE TEMPS QUE DIEU ME DONNE

Hier soir, je me suis couché mécontent, je n'arrivais pas à m'endormir. Je n'avais pas fait dans la journée tout ce que je devais faire.

« Tout ce que je devais faire. » Qu'est-ce que je dois faire ? Qui m'a demandé de faire ceci et cela ? Pas toi, Seigneur, mais moi. Avec mon gros appétit de vouloir beaucoup faire, je me fixe un tas d'objectifs le matin, et le soir je suis furieux de n'avoir pas tout fait.

Je me veux maître de mon temps, de mes forces, des aléas de la journée, des importuns et des amis. Venue me voir, Karen m'a lancé avant que j'ouvre la bouche : « Ne me dis pas que je tombe mal, avec toi on tombe toujours mal. »

Qu'attends-tu de moi, Seigneur ? Que je fasse « tout » ? Non, je sais bien ce que tu veux : que j'accomplisse « une » tâche à fond, en la reprenant calmement après avoir été dérangé, en me reposant un peu quand je sens la fatigue. Sans penser : je n'y arriverai pas, je ne pourrai pas faire tout ce que je dois faire.

Ce que je dois faire, c'est ce que je fais en ce moment. Le mieux possible.

Alors, je me coucherai en paix.

LA REINE FABIOLA
S'ADRESSE AUX JEUNES

Vous portez en vous un trésor qui a la particularité étonnante de ne jamais s'épuiser. Il existe, en chacun de nous, une capacité illimitée d'aimer, de se réjouir, d'espérer. Cette capacité est une véritable puissance qui peut et qui doit grandir jusqu'à notre dernier souffle à condition de l'utiliser et d'y puiser sans désemparer.

Tous, nous pouvons faire l'expérience d'aimer. Cela ne doit pas s'adresser seulement à ceux qui nous donnent de la tendresse et de l'affection. Il faut que notre amour rayonne sans limite, qu'il se donne à chacun quels que soient son âge, la couleur de sa peau, son milieu, sa santé, qu'il soit sympathique ou non.

Mais comment, me direz-vous, peut-on aimer tout le monde de façon concrète et vraie ?

Il y a mille manières d'aimer, mais plus nous découvrirons cet art merveilleux et essentiel, mieux nous comprendrons qu'aimer c'est servir, penser d'abord aux autres en oubliant ses propres peurs, partager,

160

sans cesse donner de la joie. C'est une source inépuisable de vie que nous portons en nous et que nous pouvons donner et recevoir, que nous soyons pauvres ou riches, jeunes ou âgés, bien portants ou handicapés.

NE FERMONS PAS LES YEUX

Le Jugement dernier. Sur cette fantastique assemblée tombent deux paroles : « Venez les bénis ! Allez-vous-en, maudits ! »

Nous pouvons nous imaginer dans cette foule, nous y aurons notre place. Nous devons même remplacer le futur par le présent : c'est maintenant que nous faisons ce qui nous vaudra d'entendre : « Viens, toi le béni. » La prodigieuse importance des jours d'ici-bas ne tient pas à la pluie et au beau temps, au travail ou au jeu, à la solitude ou à la foule. Tout ce que je vis en ce moment est important ou nul selon son rapport à l'appel final : « Viens le béni ! »

Mais que faire pour être éternellement ce béni ? Là, quand on regarde de près, le jugement dernier a quelque chose d'étrange : « J'avais faim ! Moi, le Christ, j'avais faim et tu m'as donné à manger. » La sélection des élus ne se fait pas à partir de la foi, ou de la pratique sacramentelle, ou de la morale, mais seulement à partir d'un comportement fraternel extrêmement concret. Nos

gestes fraternels sont porteurs d'une surprenante
révélation : on découvre qu'ils sont chaque fois une
rencontre du Christ en pleine vie quotidienne.

— Moi, Jésus, ton roi et ton Dieu, j'avais faim et tu
m'as donné à manger.

La liste de ces merveilleuses rencontres peut indé-
finiment s'allonger et s'actualiser : « J'étais émigré,
je ne savais pas lire le français et tu t'es occupé de
mes papiers. »

Nous rencontrons le Christ de notre éternité en ce
moment même chaque fois qu'apparaît sur notre
route un frère qui a besoin de nous. Ne fermons
pas les yeux.

« MAMAN, NE ME RÊVE PAS »

Maman, ne me rêve pas
C'était hier, souviens-toi
Ce petit être, entre tes bras.
Maman quand tu as su
Tes larmes ont coulé
Maman quand tu as su
Ton cœur m'a rejeté.
T'en fais pas M'man
J't'en veux pas.
Mais aujourd'hui, accueille-moi.

Maman, ne me rêve pas
C'est aujourd'hui et j'ai grandi
J'sais pas bien lire
Pas bien écrire
J'aurais pourtant voulu
Ressembler à ton rêve !

Maman, ne me rêve pas
Je suis là
Aime-moi !

Anne-Marie
Appel d'une enfant handicapée
à sa mère. (Dans *Église de Grenoble*.)

« JULIETTE EST MON PORC-ÉPIC »

Visite de Marc, un tout jeune époux. Ça va et ça ne va pas entre lui et Juliette.

— Je ne pourrais pas me passer d'elle. Elle ne pourrait pas se passer de moi, ça je le sens bien. On s'aime, c'est sûr, mais on se fait du mal, je la blesse et elle me blesse. Un mauvais mot, un mauvais silence. Je m'éloigne un peu et j'ai tout de suite envie de me retrouver très près d'elle.

— Un jour d'hiver terrible, des porcs-épics cherchèrent à se protéger du froid en se serrant très fort les uns contre les autres. Blessés par leurs piquants, ils s'écartèrent mais le froid les rapprocha de nouveau. Après plusieurs manœuvres de ce genre, ils finirent par trouver la bonne distance pour se chauffer sans se blesser. C'est l'Apologue de Schopenhauer.

— Juliette est mon porc-épic ?

— Et tu es le porc-épic de Juliette. Tendres et blessants l'un pour l'autre. C'est déjà capital d'en prendre bien conscience. L'envie d'être très proche est parfois bien reçue, parfois mal. Il ne faut surtout pas se guérir ou se venger par une mauvaise distance. « Je t'ennuie ?... Tu boudes ?... Bon, si c'est comme ça, je vais prendre l'air. » Essaye plutôt un apprentissage de la distance et du rapprochement.

« JE SUIS ENTRÉE EN FATIGUE »

Lettre d'Emma, 72 ans, trois mois avant sa mort :

« Je dois vous faire une petite confidence. Ma santé est bien ébranlée, j'ai été prise par les pieds et par le cœur. Pour la jambe, maintenant, le docteur est content, mais le cœur me fait défaut. Le cardiologue me demande de ne faire aucun effort, mais même si je voulais faire quelque chose, c'est inutile, je suis entrée en fatigue. Allongée au lit ou assise dans le fauteuil et avec un certain médicament, ça va. Je ne me reconnais plus, j'aimais tant travailler. Je dis à ma fille : « Je ne suis plus bonne qu'à jeter à la poubelle. » Elle rit et elle me dit que la poubelle est déjà pleine. Le Seigneur me fait la grâce d'un bon moral, il me fait comprendre qu'il est aussi bien avec une paresseuse par force qu'avec une active. Il y a des jours où je ne peux même pas prier, je regarde les icônes du Christ ou de Marie en face de moi. Je leur demande de m'initier à cette patience d'inaction dont vous m'aviez parlé, elle n'est pas facile. Je pleure pour un rien mais on me dit que c'est nerveux. Ça doit être vrai, je pleure de fatigue mais pas de chagrin parce que je sais vers quoi je m'avance. Depuis

le temps qu'on parlait de la vie éternelle, ça y est, j'y suis presque, j'essaye d'imaginer ma rencontre avec le Seigneur Jésus. Il me dit : « Ah ! c'est toi, Emma. » Je n'ose pas lui dire : « C'est toi, Jésus ! »

« JE NE LUI PARDONNERAI PAS »

J'ai vécu une heure difficile avec Henriette. Depuis que Norbert, son mari, a pris sa retraite, ils ne cessent de se chamailler. De parole en parole, Norbert l'a si gravement blessée qu'elle ne peut plus lui pardonner.

J'essaye de l'aider à faire ce difficile chemin de pardon. D'abord le pas de la lucidité. Je les ai connus si amoureux, si heureux. Et ils ont au moins encore vingt ans à vivre ensemble.

— Allez-vous gâcher ce passé et cet avenir pour un moment d'adaptation un peu difficile ?

Elle me redit hargneusement ses griefs en exagérant tout. Cette femme intelligente qui peut être si attirante devient une mégère finalement assez sotte. Tant pis, je le lui dis.

— Henriette, tu deviens idiote. On est idiot quand on ne voit plus en quelqu'un que du mauvais.

— Il gâche tout.

Elle dit ça plus calmement. Je la retrouve, elle pourra peut-être faire un autre pas.

— Mets-toi à prier pour lui.

— Tu es fou !

— Essaye. Ça sera déjà un moment où tu te dégageras de ta rancœur. On va prier ensemble.

Après cette prière, je risque le grand coup.

— Prends la décision de pardonner.

— C'est impossible. Je sens que c'est impossible.

— Il ne s'agit pas tellement de sentir mais de prendre une décision. Très sèche, à froid. Devant Dieu qui te le demande. Tu verras, après cette décision de pure volonté, l'envie de pardonner à fond pourra venir.

LA SŒUR AU CIDRE

Jésus admire les vies bâties sur le roc. « La pluie est tombée, les torrents ont dévalé, les vents ont soufflé. Tout s'est précipité contre cette maison et elle ne s'est pas écroulée, elle était bâtie sur le roc ! » (Mt 7, 24-27.)

Comment bâtir notre vie sur le roc ? On pense tout de suite à une solide doctrine. Connaître le mieux possible l'Évangile et tous les mystères de la foi. On peut alors résister aux objections extérieures et aux doutes intérieurs. Bien, mais pas suffisant.

Il y a le roc de la ferveur, cet amour qui parfois m'envahit. Je l'ai éprouvé fortement dimanche à l'église quand nous chantions : « Trouver dans ma vie ta Présence — Choisir d'habiter la confiance — Aimer et se savoir aimé. » Bien, mais pas suffisant. Quand des eaux mauvaises balaient la ferveur, nous voilà secs, vides, fragiles.

Alors, le vrai roc ? Jésus le révèle : « Celui qui met en pratique ce que je viens de dire bâtit sur le roc. » Faire ! Nous avons besoin, certes, de lumières et de

sentiments, mais là-dedans, là-dessous, nous bâtis-
sons du solide quand nous faisons ce que nous
devons faire. Simplement, mais obstinément.

On vient de béatifier une Sœur qu'on appelait « la
Sœur au cidre » parce qu'elle était chargée de cela
et d'autres choses aussi modestes. Bravo pour ce
pape qui exalte une vie bâtie sur le roc du travail.

LES TROIS QUESTIONS DE LA BIBLE

Au paradis terrestre, Dieu demande à Adam : « Où es-tu ? » (Gn 3,9.)

Lorsqu'il commence sa vie publique, Jésus demande aux deux premiers disciples : « Que cherchez-vous ? » (Jn 1, 38.)

Au milieu de l'Évangile, il demandera : « Pour vous, qui suis-je ? » (Mt 16, 15.)

Seigneur, quand tu me dis « Où es-tu ? », je sursaute, je sors parfois d'une longue distraction. Où étais-je ? Loin de toi. J'étais dans mes soucis, mes affairements et même dans des prières devenues machinales. Je reviens, Seigneur, je reviens vers la vie avec toi.

À des moments décisifs, quand j'ai un choix à faire, un refus, un engagement, un changement de cap, je me perds dans les supputations. Là encore, ta voix me surprend :

— Que cherches-tu ?

— Une vie pleine.

— Tu sais bien qu'elle n'est pleine qu'avec moi.

Mais, Seigneur, tu me demandes : « Qui suis-je pour toi ? » Je voudrais répondre : « Tu es tout. »

JE N'ARRIVE PAS À M'ENDORMIR

J'ai peur de ces soirs où, déjà en plein brave sommeil, je suis réveillé par une moto, et je vais penser et penser, tourner et tourner sans pouvoir me rendormir.

La « prière des insomniaques » de Colette Nys-Mazure dans *Panorama* m'a beaucoup aidé à supporter les longs endormissements sans trop craindre une nuit plus brève ou coupée. Ce n'est pas grave, la peur d'être fatigué au matin ne fait au contraire que repousser le sommeil.

On peut transformer ce surplus de vie éveillée en écoute amoureuse de la vie du monde. Prier par exemple pour les enfants heureux et pour ceux qui souffrent dans un hôpital ou dans une pénible solitude. Me sentir frère universel fera battre mon cœur au rythme de celui du Christ.

Utiliser ces minutes vides en me laissant aller à une relecture de ma vie, abandonnée et reconnaissante devant le défilé des jours heureux, les

176

petits coups de main de mon ange gardien et des anges humains.

Et les jours malheureux, les fautes, les refus d'aimer ? Bien sûr, nous serons jugés, mais par l'amour. Ô Amour ! Si je peux rester un peu plus avec Toi, l'insomnie deviendra mon amie.

LES PETITES LÂCHETÉS

J'ai beaucoup hésité à méditer sur la lâcheté. Le déclic avait joué à propos du récit, dans l'Évangile, de l'affreuse mort de saint Jean Baptiste décapité dans sa prison. Tous les personnages sont rebutants : une danseuse inconsciente, une femme cruelle jusqu'à l'assassinat, et Hérode ce lâche qui n'a pas le courage de dire aux deux femmes : « Vous êtes folles », pas le courage de dire à ses invités : « J'ai fait un serment idiot. »

L'Évangile nous donne un deuxième portrait de lâche : Ponce-Pilate. Je ne me sentais pas plus concerné par lui que par Hérode. Qui irait avouer : « Moi aussi je suis lâche » ?

Coup sur coup, plusieurs faits divers m'ont travaillé : des gens qui n'ont pas bougé devant une agression. « Quelle lâcheté », a-t-on dit dans les journaux et dans les conversations. D'accord, mais moi qu'est-ce que j'aurais fait ?

Peut-on s'entraîner à être plus courageux ? Probablement à coups d'exercices de fermeté là où on serait tenté de céder trop vite à la peur. Le mensonge, par exemple, est une lâcheté par peur d'une vérité qui va nous attirer des ennuis.

Laisser parler un médisant est souvent une lâcheté. Comme aussi la peur de faire référence à l'Évangile ou tout simplement de dire ce qu'on pense face à un groupe que l'on sent hostile. Ne pas caler dans les petits courages nous rend sûrement plus fermes dans les grands.

LES TERRES LOINTAINES

Pour la fête de saint François Xavier, la messe frémit de passion missionnaire.

— Tu as voulu, Seigneur, que la prédication de saint François Xavier appelle à toi de nombreux peuples.

— Il fut entraîné vers les terres lointaines par sa passion pour le salut des hommes.

— Allume en nous ce foyer d'amour où saint François Xavier se consumait pour le salut des âmes.

— Accorde à tous les baptisés le même zèle pour la foi.

Ai-je ce zèle? Autour de moi, oui, dès que je peux j'essaye d'attirer au Christ. Mais je ne m'intéresse pas assez aux « terres lointaines ». Sans partir pour l'Inde, le Japon ou la Chine, ne puis-je pas être plus largement missionnaire? Et éveiller ce zèle, surtout chez des jeunes.

Concrètement ? Susciter des prières pour les vocations missionnaires. Soutenir ces vocations. Provoquer des dons pour les missions, des abonnements à des journaux missionnaires.

Me maintenir en état de ferveur missionnaire en restant davantage au courant de ce qui se passe dans les pays de mission. Avoir des correspondants un peu partout, c'est le grand moyen de maintenir notre cœur au large. Quand je reçois une lettre de Corée, du Zaïre ou du Yemen, avec plein de détails sur la marche de l'évangélisation, j'ai une bouffée de chaleur missionnaire : Ô Seigneur, qu'il est grand ton nom, par toute la terre.

NE PAS JUGER ?

— Ne pas juger c'est impossible, on juge du matin au soir.

— Oui, mais il faut vérifier la santé de nos jugements.

Ils sont malades quand nous avons plaisir à détecter chez les autres des défauts, des erreurs et des fautes.

Maladie aussi le réflexe de la condamnation péremptoire : « Tu as tort… Elle n'aurait pas dû se conduire de cette façon… Ça ne se fait pas. » On joue au Bon Dieu, mais Dieu seul possède, sur un homme ou une femme, les données qui permettent de condamner sans injustice.

— Et si je dois nécessairement juger une conduite ou des paroles ?

— Prendre, avant, un grand bol d'amour. Et garder, pendant que je fais la leçon, beaucoup de prudence. On peut si facilement démolir quelqu'un. Il vaut mieux se taire que risquer d'être maladroit et injuste.

Se rappeler aussi que les gens évoluent, et parfois très vite, nos jugements ont souvent un métro de retard.

« Ne pas juger », c'est aussi refuser de juger dès qu'on s'aperçoit qu'on glisse dans les potins et l'invérifiable.

— Ça va nous enlever les joies de la médisance !

— Oui.

« NE LÂCHE PAS L'ORAISON, JACQUELINE »

Jacqueline s'était lancée avec enthousiasme dans la prière de silence. On la pratique le matin, de préférence, dans l'endroit le plus calme possible, et on essaye de rester pendant une demi-heure en présence de Dieu.

— J'arrête, me dit Jacqueline, ce n'est plus tenable. Je suis bouffée par les distractions, je ne sais pas quoi dire à Dieu et lui ne me dit rien, on perd son temps tous les deux.

Personne ne fait facilement oraison. Persévérer quand c'est pénible et quand ça paraît inutile est un beau don de notre temps à Dieu. Nous sommes avec Dieu, il faut se répéter cela. Les distractions, la somnolence, le dégoût, rien ne nous arrache à lui si nous voulons tenir dans ce tête-à-tête où seule compte notre foi sans appui : « Je ne sens rien, mais je suis avec toi et je sais que tu me travailles. Ma présence ce n'est pas fameux, mais toi tu es là. »

La prière de silence ne demande qu'une chose : se vider de soi pour se remplir de présence de Dieu. Chacun doit chercher ses moyens à lui de rester présent. On peut chasser les distractions en répétant un mot : « Jésus » ou « Amour » ou « Père ». On lutte contre l'avachissement en gardant la colonne vertébrale bien droite.

L'oraison est toujours sauvée par l'amour. « Je suis là, Seigneur, parce que tu m'aimes et je t'aime. Ces longues minutes d'ennui, je te les offre comme une pauvre petite preuve d'amour. »

LE PUR PLAISIR DES YEUX

Coralie, 15 ans, est venue avec la plus mini des mini. Je lui dis que c'est trop court.

— J'ai de jolies jambes. Les hommes aiment, non ? Ça leur fait plaisir.

— Un plaisir trouble.

— Trouble ? C'est leur problème. Ce qui est beau peut toujours être un pur plaisir des yeux. S'il y a autre chose, c'est que leur tête est malade.

Je lui dis que pour un ouvrier maghrébin privé de femme, ce n'est pas si simple, il peut très bien être troublé sans être vicieux.

Mais après son départ, sa petite phrase me trotte dans la tête : « Ce qui est beau peut toujours être un pur plaisir des yeux. » Quelle différence entre un beau visage, un beau corps et un bouquet de fleurs ?

La question fait d'abord sourire : les fleurs ne sont pas sexy. Mais qu'est-ce qui est sexy : le corps d'une femme ou le regard de l'homme ? L'Évangile condamne l'homme qui regarde une femme « avec convoitise » (Mt 6, 28). Coralie dirait que cet homme est malade dans sa tête. Ce qu'affirme aussi Jésus : « Si ton œil est malade, tu seras tout entier dans la nuit » (6, 23).

Quand on discute à propos d'une tenue jugée inconvenante, il ne faut pas s'attarder uniquement sur ce qui est regardé mais aussi sur le regard. Ne peut-on l'apaiser et le purifier jusqu'à ce qu'il puisse en rester au pur plaisir des yeux ?

POURQUOI DIEU CHOISIT-IL ?

Une fois de plus, pendant la réunion biblique, Donata s'est insurgée contre l'élection divine : pourquoi Dieu a-t-il fait des juifs un peuple élu, pourquoi nous les chrétiens avons-nous toutes les chances ?

Difficile de répondre, comme chaque fois que nous mettons Dieu en procès, ce n'est pas possible de jouer d'égal à égal avec lui. Nous pouvons seulement partir de son vœu affirmé : il veut sauver tous les hommes. Tous.

— Ça ne me suffit pas, dit Donata. Je trouve que nous, les chrétiens, nous sommes trop privilégiés.

— Nous le sommes, c'est vrai, et il faut en être heureux. Sans jamais oublier que cela entraîne une responsabilité rudement marquée par Jésus : « On demandera beaucoup à qui l'on a donné beaucoup. » (Lc 12, 48.)

Quant à ceux qui ne connaîtront pas le Christ, n'oublions pas, non plus, les deux textes si importants de Vatican II qui affirment que la grâce de Dieu est offerte à tout homme de bonne volonté :

Ceux qui, sans qu'il y ait de leur faute, ignorent l'Évangile du Christ et son Église, mais cherchent pourtant Dieu d'un cœur sincère et s'efforcent, sous l'influence de sa grâce, d'agir de façon à accomplir sa volonté telle que leur conscience la leur révèle et la leur dicte, ceux-là peuvent arriver au salut éternel.

(Lumen Gentium, chapitre 16.)

Puisque le Christ est mort pour tous et que la vocation dernière de l'homme est réellement unique, à savoir divine, nous devons tenir que l'Esprit-Saint offre à tous, d'une façon que Dieu connaît, la possibilité d'être associé au mystère pascal.

(Gaudium et Spes, chapitre 22, paragraphe 5.)

JACQUELINE REVIENT

Jacqueline a repris l'oraison. Elle voudrait que nous parlions du travail de Dieu. Je lui rappelle ce que je lui ai souvent dit.

— La prière de silence est un chemin très personnel, chacun doit le tracer selon les conseils qu'il glane, mais surtout en étant docile aux lumières de l'Esprit. À vous de voir comment Dieu vous travaille.

— Je sens que l'oraison me purifie et me pacifie.

— Là, on peut parler sans hésiter d'un travail de Dieu. On arrive souvent à l'oraison encombré de pensées et d'états d'âme. L'effort de ne penser qu'à Dieu commence par nous décanter, nous purifier. On ne peut pas dire « Jésus » et garder des pensées mauvaises. Le nom de Jésus est notre plus grande purification. Puis quand la rumeur intérieure se calme, et toujours par la force du Nom, une paix se diffuse.

— Mais quand on est au contraire vide de fatigue, sec ?

— Alors survient le temps d'aimer. C'est vrai aussi quand il a fallu se purifier et s'apaiser. Ou plutôt quand Dieu en nous a fait ce travail. Il peut alors nous appeler à n'être plus qu'amour. Amour pour lui et pour nos frères. La grande grâce de l'oraison c'est de donner plus de présence ensuite à ceux que nous allons rencontrer, un grand désir de les écouter et de les aider. Quand ces pensées d'amour nous viennent, elles éveillent fréquemment la joie. C'est aussi le travail de Dieu. Pas toujours dans l'oraison elle-même, mais dans la manière de prendre ce que nous avons à vivre. Dieu est toutes les couleurs et les saveurs de la joie. À force de le fréquenter, quelque chose de cette joie passe en nous.

PRIÈRE DU MATIN

Père, merci pour ce jour nouveau.
Donne-moi la paix
et la force de vivre ce que j'aurai à vivre,

Donne-moi de tout regarder, aujourd'hui,
avec des yeux d'amour.
Les choses et les gens.
Donne-moi d'aller au-delà des apparences
jusqu'aux profondeurs.

Ferme mes oreilles aux médisances,
Garde ma langue de tout ce qui peut blesser,
décourager, rendre méchant.

Que les pensées qui bénissent
et qui rendent heureux
habitent mon esprit.

Garde-moi dans ta présence
tout au long de ce jour.
Qu'elle me rende bienveillant
Et souriant.

LES PETITS RIENS

Jésus a aimé notre vie quotidienne. Il ne faut pas toujours le voir sur la croix, mais aussi à Nazareth où il a passé trente années heureuses à faire ce que nous faisons. Il a regardé Joseph en train de travailler. Il inventera plus tard la parabole du levain en se rappelant les gestes de Marie.

— Le Royaume est comparable à du levain qu'une femme enfouit dans trois grandes mesures de farine, jusqu'à ce que toute la pâte ait levé.

Jésus — et donc Dieu — observant à ce point notre vie ! En y pensant, je me prends de tendresse pour un travail qui ne m'enthousiasmait pas beaucoup. Que rien ne me paraisse négligeable puisque Jésus a fait siens nos gestes.

Nous ne croyons pas assez à leur valeur. Si ce que nous faisons correspond à la volonté de Dieu, et c'est le cas le plus fréquent, cette action est notre point de contact avec lui. Il n'est pas dans les nuages, il est là, présent à celui qui lui est uni de volonté, tout simplement en faisant ce qu'il doit faire.

Les préceptes qui nous arrivent du zen rejoignent nos plus vieux conseils de sagesse : *age quod agis*, fais le mieux possible ce que tu fais. Et le zen : si tu bois le thé, tu bois le thé ; si tu te rases, tu te rases.

Spiritualité thérésienne des petits riens. Il n'y a qu'une seule chose trop petite dans nos vies : notre attention.

« TU N'ES PAS PARFAITE, MAMAN ! »

Germaine est désorientée. Sa fille Marie-Do, 19 ans, amenait à la maison son ami Richard, et maintenant ils veulent faire chambre commune le temps du week-end.

— Je ne peux pas supporter, et son père encore moins. Qu'ils aient des relations ailleurs, nous n'y pouvons rien, mais sous notre toit, non. Le plus fort, c'est que d'après Marie-Do je suis contre Jésus.

— Contre Jésus ?

— Elle me dit que je suis intolérante et que Jésus était tolérant. La preuve, paraît-il, c'est la pécheresse, la Samaritaine, la femme adultère. Je ne sais plus quoi répondre.

Nous avons réfléchi ensemble et bien vu que l'attitude de Jésus n'est jamais dure bien sûr, mais jamais complice non plus. S'il accueille ces femmes comme elles sont, c'est pour les faire sortir du péché.

195

— D'après vous, je dois tout supporter chez moi pourvu que je leur fasse un peu de morale ?

— Si vous ne pouvez pas supporter ça, expliquez-le nettement, mais avec amour. Le problème n'est pas de faire la morale, c'est d'être ce que vous êtes, une chrétienne cohérente avec votre foi telle que vous la vivez personnellement. Le dire peut amorcer un bon dialogue, surtout si vous montrez bien que vivre en accord avec l'Évangile est un cheminement. Vous-même, vous devez cheminer.

— Marie-Do me le dit : « Tu n'es pas parfaite, maman ! »

— Voilà de quoi bâtir une relation de tolérance : « C'est vrai, pouvez-vous lui dire, je ne suis pas parfaite, mais je cherche à progresser. Regarde. À toi de voir comment, toi aussi, tu peux progresser. »

« TE LE DIRAI JUSQU'AU BOUT »

Je reviens d'un mariage. Quand j'ai entendu leur oui, j'ai pensé à une chanson de Félix Leclerc :

Te l'ai dit en janvier
Te le dirai en août
Traverserons les joies
Traverserons les pleurs
Traverserons les ans.

La plus belle déclaration d'amour, c'est la durée. Ce qui fut dit en janvier sera dit en août, et dix ans plus tard, et quand durant leurs promenades de très vieux elle soutiendra discrètement ses pas.

Quand on perd la durée, on ne sait plus rien de l'amour. Je pense aussi aux prêtres et aux religieux qui en disant oui pour la vie disent oui à l'amour, pas au caprice.

Comment a-t-on pu se faire à l'idée d'un amour qui ne tiendrait pas jusqu'au bout ? Les hommes et les femmes changent, pas l'amour. Le vrai doit être bâti pour le long cours, et il faut commencer tout de suite à le bâtir en vue de la durée.

La première chose à faire, c'est de ne plus admettre les hypothèses de rupture qui créent un climat de fragilité. Que des mariages cassent, ça s'est toujours vu, mais comme malheur. Maintenant on en parle avec désinvolture, cela n'aide pas à se battre pour la durée.

« Te l'ai dit en janvier, te le dirai jusqu'au bout. »

LUI SAUTER AU COU

S ouvent je me revois à Taizé dans un groupe, de jeunes réunis au hasard pour les échanges de l'après-midi. J'ai voulu parler du décalage entre mon âge et leurs 20 ans : « Ton âge, a coupé un garçon, on s'en fout, dis-nous ce que tu vis actuellement avec Jésus ? »

Que vivons-nous avec Jésus ? Il nous aime et nous l'aimons, c'est vite dit. Mais très concrètement, quel est cet amour ? J'ai découvert la plus étonnante réponse dans le livre du théologien allemand Karl Rahner *Aimer Jésus*.

— On peut, traversant dans l'amour espace et temps, aimer effectivement Jésus d'une manière véritablement immédiate et concrète. À la condition que nous ayons l'audace de lui sauter au cou.

Le grave théologien réapparaît quand il précise que cet amour si tendre, si direct, est « le fruit de la patience, de la prière, d'un approfondissement de l'Écriture, le don de l'Esprit. On ne peut le caporaliser par une attitude à la fois indiscrète et violente. Mais on peut toujours se dire que le désir ardent d'un tel amour est déjà son commencement et que l'accomplissement lui est promis. »

Il avait écrit plus haut : « On lit les Saintes Écritures exactement comme deux êtres qui s'aiment, se regardent l'un l'autre et vivent ensemble leur vie de tous les jours. »

Tenter cette aventure d'amour ! Par un désir ardent et tous les rendez-vous possibles : l'Évangile, nos frères (« Ce que tu fais à mon frère dans le besoin, c'est à moi que tu le fais »), l'eucharistie, l'oraison (« Tu es là et je suis là »). Avancer dans l'éblouissement de Pâques (« Marie ! — Rabbouni ! »), vers la grande rencontre : « Il est temps de nous voir. »

PRINTEMPS DANS MON CŒUR

J'avance dans un petit chemin entre des aubé-
pines très blanches. Leur parfum me dit que
c'est le printemps.

Printemps dans mon cœur.
J'avance près de toi.
Je ne dis rien mais je t'aime.

Je t'aime parce que tu es venu sur nos chemins.
Je t'aime parce qu'à 20 ans tu m'as dit : « Viens. »

Donne-moi de vivre jusqu'au bout très près de toi.
En pensant que la joie des siècles des siècles
ce sera toi.
Joie éternelle d'avoir essayé de t'aimer
quand c'était difficile. Sans te voir.

HIBERNER

Je sens monter l'énervement. Les objets sont hostiles, les gens impossibles ! Quand ça va mal à ce point, faut-il s'acharner ? Eva Ruchpaul conseille d'hiberner.

Tant pis pour les choses à faire. Pendant un ou deux jours, réduire l'activité et surtout chasser les soucis presque tendrement. On accepte de vivre au minimum, on augmente le temps de repos et si possible on va marcher au grand air.

On se prend affectueusement en charge, on se fait l'infirmière d'une vie plus lourde à porter. On la porte avec le Seigneur par des pensées de confiance. Peut-être arriverons-nous à prononcer : « Béni sois-tu pour les heures noires, elles font aussi partie du métier d'homme. »

On cherche le silence et la solitude, on les boit comme des remèdes. Mais on se méfie du cinéma intérieur. On le discipline par la meilleure utilisation du dialogue avec soi-même. Dialogue-inventaire, mais tranquille et distancié : ma vie en ce moment, l'état de mon travail, de mes relations. Dialogue-projet : dès que j'irai mieux, sur quoi porter l'effort ?

Que cette vie au ralenti soit sereine, sinon elle deviendrait poison alors qu'elle peut être une excellente relaxation.

Et la prière ? Le rosaire, la Prière de Jésus. La simple halte près du Seigneur, comme un bon petit soldat qui monte la garde.

NOUS POUVONS BIEN PLUS QUE NOUS L'IMAGINONS

Je lis dans les *Nombres* la grande peur des Israélites au retour des premiers explorateurs de la Terre Promise. Sur les douze, dix provoquent la panique : « Nous avons vu des géants, à côté d'eux nous étions des sauterelles. Pourquoi le Seigneur veut-il nous mener dans ce pays pour nous y faire massacrer ? » Mais Caleb proteste : « N'ayez pas peur, le Seigneur est avec nous. » (Nombres, 14.)

Sommes-nous des défaitistes ou des Caleb ? Ce nom ne m'était pas familier, mais maintenant Caleb est mon homme. Il m'apprend à ne pas dramatiser les difficultés comme faisaient les dix découragés d'avance qui semaient la peur. Il m'offre son cri de confiance : « N'aie pas peur ! »

— Très joli, me dit Jacques, mais c'est une question de tempérament : on est un battant ou un hésitant.

— Caleb nous dit que la foi peut galvaniser n'importe quel tempérament.

Tout dépend de ce que nous mettons dans « Le Seigneur est avec nous ». Quelque chose de machinal, faiblard, ou au contraire une transfusion de confiance dans nos veines. Dieu ne fera pas les choses à notre place mais il dynamisera nos possibilités. À voir ce que les saints réalisent, nous pouvons bien plus que nous l'imaginons.

COMMUNIER PAR LE MERCI

Ce matin j'ai réécouté un texte familier comme si c'était la première fois. C'est dans la Première Lettre de Jean, 3, 1 : « Voyez le grand amour du Père ! Que nous soyons appelés enfants de Dieu, et nous le sommes. »

J'ai lu ensuite, dans un recueil de confessions de foi, cette confidence de Line Renaud : « Avant de m'endormir je remercie Dieu, merci encore, merci, merci. C'est une sorte de communion. »

Encore sous le coup du texte de saint Jean, j'ai eu envie de communier par le merci.

— Père, merci de ce grand amour qui t'a poussé à faire de nous tes fils. Merci, merci.

Que de fois j'ai dit « Père » sans voir à quel point c'est vrai. « Nous sommes ses enfants, nous le sommes ! » Tout devient facile et difficile. Être aimé à ce point. Mais par Qui ! Et comment l'aimer ? Comment être de vrais fils ? C'est là qu'il faut plonger dans l'Évangile, pas dans notre imagination. Il y a un Fils. Qui a su être Fils. Plus je le regarderai, plus je l'écouterai, plus j'aurai des pensées et des actes de fils.

Je vais essayer de garder le plus possible la grâce de ce matin, la communion par le merci : « Père, merci de faire de nous tes fils. »

« LÈVE-TOI ! »

En méditant sur la guérison du paralytique à la piscine de Capharnaüm, je suis frappé par les mots de Jésus : « Lève-toi, prends ton grabat et marche ! » Il me semble que c'est très bon pour la paralysie spirituelle.

« Lève-toi ! » Abandon de la prière, vie de plus en plus machinale, livrée à des réflexes d'égoïsme et de mauvaise humeur. Aucun effort. Mais Jésus est là, prêt à nous guérir. Sa première parole nous arrache à l'engourdissement : « Lève-toi ! » La tiédeur nous couchait, nous nous remettons debout.

« Prends ton grabat ! » Des choses pèsent sur nous, soucis, échecs, malveillances, plus ou moins dramatisées, mauvaise forme physique. « Prends ton grabat ! » Nous prenons tout cela. Avec Jésus nous affrontons notre vie telle qu'elle est.

« Marche ! » On reculait devant des pas à faire. Reprendre l'oraison. Pardonner. Aider X… Supporter Y… « Marche ! » Quand on a été physiquement immobilisé, on sait que la vie revient à petits pas… mais il faut marcher !

Ne pas accepter le lymphatisme spirituel. C'est d'autant plus aisé que nous n'avons qu'un geste à faire, nous tourner vers Celui qui va nous dire : « Lève-toi ! »

CHRISTIAN M'EN A TROP FAIT

Christian m'en a trop fait, ce n'est pas possible de l'aimer. Je me le dis et me le redis, et alors je me rends compte que c'est exactement là que m'attend l'amour.

Je sais ce que me dirait Luc qui parle toujours en pourcentages : « L'amour c'est pas du 50 % et même pas du 90 %, c'est du 100 %. » Quand je t'ai dit, Seigneur, « je choisis d'aimer », c'était bien à 100 %, et Christian fait partie du lot !

En refusant aujourd'hui de le supporter, je refuse-rai demain de supporter X... ou Y... Il faut qu'avec Christian je replonge dans mon choix universel d'aimer, sans trier !

« Aimez-vous les uns les autres », c'est facile tant qu'on ne tombe pas sur quelqu'un qui est trop dif-ficile à aimer. C'est bien pourtant là que je dois m'acharner. Refuser en ce moment de faire un pas vers Christian m'éloignera tellement de « Aimez-vous les uns les autres » que je ne pourrai plus y revenir. Je vivoterai de nouveau dans une charité fraternelle à éclipses. Sourires de commande, un petit effort ici, un petit pardon là. Mais dès qu'un Christian se profilera, je m'arrangerai pour le gommer de ma vie.

Non ! J'ai déjà fait ça et je ne veux plus le faire. Ne pas parler à quelqu'un, ne pas le regarder, n'en parler à d'autres que pour en dire du mal. J'agissais ainsi avant d'avoir compris ce qu'était le choix d'aimer. Je ne veux plus céder au non-amour, il m'emporte trop loin de Toi.

LA SAINTETÉ, QU'EST-CE QUE C'EST ?

Dans le beau livre où Charles Ehlinger a recueilli les souvenirs de Mgr Scotto, j'ai bien aimé l'histoire que l'ancien évêque de Constantine a trouvée dans la vie de saint François Xavier, et comme il la raconte à sa façon, je m'autorise moi aussi à broder un peu.

François Xavier médite. Soudain, il se pose la question : mais finalement, la sainteté, qu'est-ce que c'est ? Comment devenir un saint ?

Là, il a une sorte de vision : Dieu, au sommet d'une très haute montagne. Et Dieu lui dit : « Monte jusqu'à moi et tu sauras ce qu'est la sainteté. »

Il est solide, François Xavier, et un peu fanfaron : « S'il faut grimper dur, j'y vais ! »

Au bout d'une heure, il tombe. Mais comme il est courageux, il se relève et il repart. Deux fois encore il tombe et il est si loin du sommet ! Il dit au Seigneur :

— J'ai compris. La sainteté, c'est pas pour moi.

Le Bon Dieu rit comme il sait rire.

— Mon pauvre ami, tu n'as rien compris ! La sainteté, ce n'est pas d'arriver jusqu'ici, c'est tomber et se relever, tomber et se relever.

LE VERBE LE PLUS HUMAIN ET LE PLUS CHRÉTIEN

Je crois de plus en plus qu'« essayer » est le plus humain et le plus chrétien des verbes. Je sais bien que le vrai verbe évangélique c'est « faire », mais il a parfois une allure un peu trop impérieuse : tu le fais ou tu le fais pas ?

Quand nous hésitons, plutôt que baisser les bras et rester sur la touche, il vaut toujours mieux s'engager dans un brave et modeste « j'essaye ». Tant qu'on ne va pas jusqu'à l'expérience, on ne sait pas ce qu'on vaut.

Et surtout on ne sait pas ce qu'on vaut avec Dieu. Ce ne sont pas nos « je voudrais bien mais… » ou « c'est trop dur pour moi » qui appellent Dieu, ce sont nos : « j'essaye ».

POUR L'AMOUR DU COULOIR

— Je voudrais aimer et je déteste, soupire Manette. J'ai besoin d'amitié et je gâche tout. J'ai fait de la psycho, de la dynamique de groupe, je cours les week-ends religieux où on parle de ça. J'en avais trouvé un super. Le Père nous expliquait qu'on a forcément des antipathies, ou des échecs alors que ça bichait. Il faut donc aimer pour faire plaisir à Dieu, il faut voir le Christ dans les gens qu'on rencontre. J'ai essayé, et ça n'a pas marché longtemps. Hier j'ai rompu avec Isabelle, pour une bêtise, elle m'avait fait poireauter et elle s'excusait même pas. Vous voyez ce qui colle pas, vous ?

— Oui, c'est « aimer pour faire plaisir à Dieu ».

— Vous critiquez le prédicateur ?

— Non, mais je vois les choses un peu autrement. Saint Vincent de Paul m'a fait comprendre. On raconte qu'un jour il passait dans un couloir et il regarda la religieuse qui balayait.

— Ma Sœur, vous balayez le couloir pour l'amour de Dieu ?

215

— Oh ! oui, mon Père !

— C'est bien ce que je pensais en vous voyant faire. Si vous vous mettiez à balayer pour l'amour du couloir ?

Vous, Mariette, essayez d'aimer les gens non pour faire plaisir à Dieu, mais pour leur faire plaisir à eux et à vous. N'allez pas chercher le Christ chez Isabelle mais cherchez Isabelle avec les yeux du Christ. C'est fou ce qu'on découvre de bien chez les gens quand on les regarde pour les aimer. Eux !

DANS UN ÉCRIN DE SILENCE

Peut-être dit-on trop souvent le *Notre Père* et trop vite ? Je pense parfois, mais c'est exagéré bien sûr, que nous devrions jeûner de Pater pendant un an. Les retrouvailles seraient un régal et un étonnement : « Qu'avions-nous fait du *Notre Père* ? »

C'est un tel cadeau. Une leçon de prière par celui qui est le Priant et le Fils. D'emblée, il nous hisse devant le Dieu tout autre qui est aux cieux. Et il entrouvre l'intimité trinitaire : le Père, le Fils (qui est le Nom) et l'Esprit (qui est le Règne).

Sans Jésus, aurions-nous eu ce souci primordial du Règne et trouvé les trois choses qui font de nous des ouvriers du Règne : le pain, le pardon, et la juste manière de vivre la tentation. Sans le *Notre Père*, aussi, ne glisserions-nous pas facilement dans la prière individualiste. Jésus nous fait dire : « Nous », il ne nous veut jamais seul pour prier.

En famille, avec les petits, mettons le *Notre Père* de la prière du soir dans un écrin de ce silence où s'éveille l'amour : un silence avant de commencer, un silence après l'avoir fini.

Et quand nous sommes seul pour le dire, pourquoi ne pas nous arrêter parfois à « Père », et laisser l'amour nous envahir.

« SI TU ATTEINS L'AMOUR... »

— Votre oraison, me dit Fabrice, 30 ans, super-
   actif, c'est trente minutes par jour d'évasion
   égoïste de la vie.

J'estime beaucoup Fabrice, il cherche son chemin
vers Dieu, je crois que l'oraison équilibrerait sa vie
toute en puissance et nervosité. Et, en fait, plus
égoïste qu'il ne le croit. J'espère que notre discussion l'a aidé à mieux voir l'extension de l'oraison
à la vie.

Pour rester au moins trente minutes en silence
devant Dieu, il faut se maintenir dans un dur effort
de présence à soi-même et de présence à Dieu. Ça
peut développer énormément l'attention à tout, et
donc nous disposer à une vie plus éveillée.

Rempli d'attention à Dieu, l'orant se vide des soucis qui l'avaient trop envahi. Cela l'aidera à vivre
ensuite dans la confiance anti-souci sur laquelle
Jésus a tant insisté (Mt 6, 25-34). Trente minutes,
le matin, de totale confiance finissent par donner
ensuite un réflexe de paix dès que monte une

préoccupation ou une peur païennes. On retrouve au long du jour le Jésus de notre oraison qui nous affirme : « Ma grâce te suffit » (2 Co 12, 9), et alors on s'évadera moins de ce qui est à porter.

L'apparent repli égoïste est en réalité une plongée dans l'amour. Je pense souvent à l'hémorroïsse guérie par Jésus : « Si j'atteins la frange de son manteau… » Dans l'oraison, on essaye d'atteindre l'Amour. C'est même le grand test de la vérité d'une oraison : en sortir avec un immense désir d'aimer, d'aider.

— Fabrice, si chaque matin tu atteins l'Amour, tu seras amour pendant toute la journée.

TRAÎNAILLER NE ME DÉTEND PAS

— J'ai pris un mi-temps, me dit Nicole, mais je sombre dans la bricole.

Je lui récite la grande loi de l'emploi du temps : « Tout travail occupe tout le volume de temps qui lui est offert. »

— Ça, c'est bien vrai ! Les choses que je faisais en dix minutes quand je travaillais à plein temps, maintenant j'y passe un temps fou et ça ne me comble pas, ça me vide.

Après son départ, je fais un bilan de mes propres remplissages. Le lisottage passif de trois journaux dont je n'ai rien retenu. Des bavardages intéressants au début et devenant des parlottes déliquescentes. Des petits soucis de santé tout de suite dramatisés. Une blessure d'amour-propre ressassée pendant une bonne partie de la journée. Une mollassonne mise au travail. À tout cela, j'ai offert du temps qui s'est rempli avec des riens.

Jacques me dit : « Toi, fais gaffe, tu ne sais pas te décontracter. » Mais je sens, comme Nicole, que traînailler dans des tâches ne me relaxe pas. En faisant plus vite certains travaux et en éliminant tel ou tel gâchis de temps, je pourrais peut-être vraiment me détendre.

GOUTTES DE SAGESSE

Au lieu de conseiller, essaye de hisser l'autre à l'altitude où lui-même verra clair.

*

La cause de n'importe quel trouble, si nous la recherchons soigneusement, c'est que nous ne nous accusons pas nous-mêmes.
(Saint Dorothée de Gaza.)

*

Dieu n'écoute pas notre voix, il écoute notre cœur.
(Saint Cyprien.)

*

La vie de l'Église : se souvenir pour inventer.

*

L'amour est le mode d'emploi de la vie.
(Abbé Pierre.)

*

223

« Tu seras là demain. De ce demain je ne sais rien, sinon que ta Providence se lèvera plus tôt que le soleil. » (Lacordaire.)

*

Il y a tant de chrétiens partout qu'on entend dire partout dans le monde : « Jésus ».

« J'ACHÈTE, DONC JE SUIS »

Le beau livre de Frédéric Lenoir, *Le temps de la responsabilité*, analyse, entre autres, une nouvelle responsabilité : acheter. À force d'acheter du superflu et du gadget, on pervertit le pouvoir d'acheter. On aurait besoin, dit son père, René Lenoir, d'air pur, d'eau pure, de silence, de villes sans violence, de plus de temps libre, mais on conditionne les consommateurs dans tous les domaines pour leur faire acheter des produits inutiles, et ainsi se développe une monstrueuse production.

Le plus précieux, fait remarquer Jean-Marie Pelt, ne s'achète pas. Le shah d'Iran est mort d'un cancer et il n'était pas pauvre ! L'amour ne s'achète pas, ni l'aventure spirituelle, ni même un coucher de soleil. Et pourtant, l'homme devient un être avide d'objets. A-t-il donc été inventé par Dieu pour acheter des voitures ?

Bon sermon. J'ai rangé ce livre dans mon rayon « Spiritualité » et je suis allé inspecter mes placards. Vous avez raison, monsieur Pelt, vous avez raison, monsieur Lenoir, je ne suis pas fait pour acheter tant de choses, je vais me responsabiliser davantage quand je verrai le mot qui m'a toujours fasciné : « Soldes ». Je ne veux pas remplacer « Je pense, donc je suis » par « J'achète, donc je suis. »

LA DAME BLANCHE

— Après 80 ans, me dit Denise, tout n'est plus qu'incident et anecdote, on va vers le but, vers l'éblouissement.

— En passant par la mort.

— Évidemment. Mais on n'est pas du tout obligé de penser au squelette et à sa faux, on peut très bien l'imaginer en Dame blanche, en hôtesse d'accueil.

Elle sera souriante si tout va bien. Et pourquoi pas ?

À 85 ans, Jean Relier a écrit un petit livre qui s'intitule : *Mourir en bonne santé*. C'est une idée qui fait son chemin.

Mais la Dame blanche arrivera encore bien souvent au bout d'un parcours final difficile. Plus grave, elle sourira quand même en ne disant que deux mots : « Tu vas voir !…Vois ! »

Vision béatifique, entrée dans le bonheur pour lequel nous avons été créés. Le voir, Lui. Une des dernières affirmations de la Bible : « Ils verront son Visage » (Ap 22, 4).

Et que de fois aussi j'ai rêvé sur les textes de Paul et de Jean :

À présent nous voyons mal
Mais alors ce sera face à face.
À présent ma connaissance est limitée,
Alors je connaîtrai comme je suis connu.

(I Co 13, 12.)

Nous le verrons tel qu'il est.

(I Jn 3, 2.)

Ce « nous le verrons » qui bouleversait le Curé d'Ars est le diamant des plus de 80 ans, la porte que va nous ouvrir la Dame blanche.

ENTRE LITOTE ET HYPERBOLE

— Mon mari ? C'est une litote vivante !

J'ouvre des yeux étonnés et Pauline se lance :

— Impossible de lui arracher un compliment. Quand je mets une robe du tonnerre que tout le monde admire, il dit : « Elle est pas mal. » Quand notre fille revient du lycée avec des résultats excellents, il arrive à sortir : « C'est pas mauvais. » Hier, ma tarte il l'a trouvée « mangeable ». Mangeable ! Vous vous rendez compte ? Mangeable !

Du coup, je me suis posé des questions sur les compliments. Pourquoi est-ce si difficile d'admirer et de le dire ? Ou c'est excessif et conventionnel, ou c'est de la litote, comme dirait Pauline : à force de ne pas vouloir en dire trop, on n'en dit pas assez.

Les compliments n'ont-ils que des défauts ? « Il le flatte pour obtenir quelque chose de lui… » Ou bien : « Vous allez la rendre coquette, vous allez le rendre orgueilleux. »

Et pourtant, même si c'est délicat à manier, le compliment est un élément de bonheur, un art tout en finesse d'amour. Pauline a raison, ne restons pas trop sur les arrières de la litote.

« MARIE ! — RABBOUNI ! »

Mardi de Pâques. L'apparition de Jésus à Marie-Madeleine. La plus bouleversante rencontre d'amour :

— Marie !

— Rabbouni !

Quand nous sommes sûr que Jésus prononce ainsi notre nom, quand nous lui répondons « Rabbouni » comme Marie-Madeleine, nous avons fait la rencontre de notre vie. Nous devons essayer de la faire. Il faut qu'il y ait entre Jésus et nous la relation décrite par Isaïe (43, 1-5). Ce que Dieu dit au peuple d'Israël concerne chacun de nous.

— Et maintenant, ainsi parle Yahvé, celui qui t'a créé, Jacob, qui t'a modelé, Israël : ne crains rien, je t'ai racheté, je t'appelle par ton nom, tu es à moi. Si tu traverses l'eau, je serai avec toi, si tu traverses le feu, tu ne te brûleras pas. Je suis ton Dieu, ton Sauveur. Tu comptes beaucoup à mes yeux, tu as du prix et je t'aime.

C'est le ton de « Marie ! ». À nous de murmurer « Rabbouni ! » sans tomber dans un dialogue intimiste. Les phrases difficiles qui suivent les deux cris d'amour nous relancent immédiatement vers nos frères.

— Marie, ne t'accroche pas, ne t'attarde pas. Dépêche-toi d'aller trouver mes frères.

Et Marie court, première apôtre, première missionnaire : « J'ai vu le Seigneur ! »

Que notre « Toi et moi » nous pousse vers l'Annonce. « Dans la mesure même où j'aime le Christ, disait le P. d'Alzon, je voudrais que tous l'aiment. »

QUAND NOUS DÉSESPÉRONS

Pourquoi Judas a-t-il tout perdu ? Pourquoi Pierre a-t-il tout retrouvé ? Nous aussi nous trahissons Jésus et nous le renions. Que Pierre nous dise comment on revient à Jésus. Mais que Judas nous dise aussi comment on se perd.

Question d'amour ? Mais Judas a sûrement aimé Jésus. Et Jésus l'a aimé. Cette si grande différence entre Judas et Pierre doit venir d'ailleurs.

Judas n'a pas cru au pardon possible. Pierre n'a pas désespéré. Quand nous désespérons, nous glissons vers Judas. Quand nous gardons l'espérance, nous sommes Pierre. Nous pouvons nous aussi dire à Jésus :

— Tu sais tout, tu sais que je t'aime. J'ai perdu un moment la force, mais je n'ai pas perdu l'amour.

— Viens, Pierre. Tu m'as fait confiance, je te fais confiance. Toi qui m'as renié, je vais tout bâtir sur toi.

LA CONNIVENCE

Comment, à tout moment, peuvent se rejoindre, de la part de Dieu, une grâce d'appel et de force, et de notre part un acte d'éveillé?

Je suis éveillé quand je me cale dans cet instant à vivre, l'esprit et les mains aux commandes de la vraie vie, hors routine, hors passé et hors futur.

— Il faut bien tenir compte du passé et de l'avenir?

— Oui, si nous allons y chercher de la lucidité pour vite revenir au présent.

Seule l'adhésion au présent est de la vie en pleine volonté de Dieu. La grande illusion est d'attendre un meilleur moment pour trouver le bonheur et trouver Dieu.

Le meilleur moment, c'est maintenant. Pas toujours facile de croire cela! Il faut lutter patiemment contre nos passivités ou nos réactions instinctives en forme de « si » ou de « plus tard ».

Croire (c'est parfois difficile !) que la vie nous tend en ce moment ses mains pleines et que Dieu veut travailler avec nous maintenant et ici. Cela nous installe dans la paix et l'effort efficace.

L'adhésion simple, confiante, à ce que Dieu nous demande dans l'instant, par la vie et par nos frères, fait naître un continuum d'amitié avec lui : la connivence !

ENCORE LA PRIÈRE EXAUCÉE

J'ai encore prié sans succès et j'en veux à Jésus. Il dit : « Demandez et vous recevrez » (Mt 7,7). Mais c'est pas vrai, c'est pas vrai.

Au moment même où je dis « c'est pas vrai », je sais que c'est vrai. Je dois m'acharner. Quand Jésus dit : « demandez », c'est plus qu'un bienveillant conseil, c'est un ordre. Et une promesse.

« Demandez… cherchez… frappez… Qui demande… qui cherche… qui frappe… » Peut-on trouver commandement plus insistant ? Si insistant que c'est quasiment une supplication. Jésus nous supplie de demander ! Il doit savoir à quel point c'est important pour nous. Je n'avais pas jusqu'alors assez vu la prière de demande sous cet aspect.

Et Jésus appuie son commandement par sa promesse : « Vous recevrez. Celui qui demande reçoit. » Bon, je ne vois pas comment, mais de là à mettre en doute une promesse aussi ferme. Je vais essayer de mieux appuyer mes demandes sur ces deux certitudes :

Un : quand je demande, j'entre par le fait même dans la volonté de Dieu, puisque par Jésus il me « commande » de demander.

Deux : je dois être sûr d'être exaucé. Mais c'est là que je cale trop vite. J'hésite, je doute, je ne fais pas vraiment une expérience de demande assurée. Je saurai quel visage ont les prières exaucées quand je croirai qu'elles sont exaucées.

TABLE DES MATIÈRES